中国农村林地承包经营纠纷调解仲裁工作手册

国家林业局农村林业改革发展司　编

中国林业出版社

图书在版编目(CIP)数据

中国农村林地承包经营纠纷调解仲裁工作手册/国家林业局农村林业改革发展司编. —北京：中国林业出版社，2013.7(2015.9 重印)

ISBN 978-7-5038-7135-1

Ⅰ.①中… Ⅱ.①国… Ⅲ.①林地—农村土地承包法—民事纠纷—仲裁—中国—手册 Ⅳ.①D922.32-62

中国版本图书馆 CIP 数据核字(2013)第 176436 号

出版 中国林业出版社(100009 北京市西城区刘海胡同 7 号)
E-mail cfybook@163.com **电话** 010-83143666
发行 中国林业出版社
印刷 三河祥达印刷包装有限公司
版次 2013 年 8 月第 1 版
印次 2015 年 9 月第 2 次
开本 880mm × 1230mm 1/32
印张 8.375
字数 212 千字
定价 15.00 元

前　言

目前，全国集体林权制度改革明晰产权、承包到户的任务已基本完成，确权集体林地面积达27亿亩，发证1亿本，涉及近8981.25万农户，调解处理林权纠纷案件85万多件。随着农村经济的发展，林地不断升值，农民维权意识和能力不断增强，及时有效解决各种林地承包经营纠纷，事关农民合法权益的维护，事关农村林业改革发展，事关农村社会和谐稳定。

党中央、国务院一直十分重视农村林地承包经营纠纷调解仲裁工作。2002年，《中华人民共和国农村土地承包法》明确规定，因土地承包发生纠纷的，应通过调解仲裁解决。2008年，《中共中央国务院关于全面推进集体林权制度改革的意见》要求各级林业主管部门明确专门的林权管理服务机构，承担林地承包争议仲裁、林权纠纷调处等工作。2009年6月《中华人民共和国农村土地承包经营纠纷调解仲裁法》出台，为农村林地承包经营纠纷调解仲裁工作确定了比较完备的法律制度。2010年，农业部、国家林业局制定《农村土地承包经营纠纷仲裁规则》和《农村土地承包仲裁委员会章程》进一步细化农村林地承包经营纠纷仲裁规范工作。各地政府高度重视农村林地承包经营纠纷调解仲裁工作，纷纷出台地方法规和指导意见，因地制宜地推进本地林地承包经营纠纷调解仲裁工作。

为了便于大家更好地学习相关的政策法规，贯彻《中共中央国务院关于全面推进集体林权制度改革的意见》和《中华人民共和国农村土地承包经营纠纷调解仲裁法》，做好林地承包经营纠纷调解仲裁工作，我们汇编了《中国农村林地承包经营纠纷调解仲裁工作手册》。该手册汇编了农村林地承包经营纠纷调解仲裁工作相关的法律法规和中央、地方政府文件，具有较强的政策性、指导性和实用性，可为农村林地承包经营纠纷调解仲裁工作者提供指导和参考。

参加本手册汇编的人员有国家林业局农村林业改革发展司张蕾、李近如、陈学群、黄东、郭宏伟、朱莉华、刘超等同志。

希望广大林业干部职工、农村林地承包经营纠纷调处仲裁工作人员利用好本手册，为深化集体林权制度改革、促进农村林业发展、建设和谐社会、推动社会主义新农村建设作出更大的贡献。

编　者

二〇一三年七月

目　录

中华人民共和国农村土地承包经营纠纷调解仲裁法

（2009年6月27日第十一届全国人民代表大会常务委员会第九次会议通过）

第一章 总 则

第一条 为了公正、及时解决农村土地承包经营纠纷，维护当事人的合法权益，促进农村经济发展和社会稳定，制定本法。

第二条 农村土地承包经营纠纷调解和仲裁，适用本法。

农村土地承包经营纠纷包括：

（一）因订立、履行、变更、解除和终止农村土地承包合同发生的纠纷；

（二）因农村土地承包经营权转包、出租、互换、转让、入股等流转发生的纠纷；

（三）因收回、调整承包地发生的纠纷；

（四）因确认农村土地承包经营权发生的纠纷；

（五）因侵害农村土地承包经营权发生的纠纷；

（六）法律、法规规定的其他农村土地承包经营纠纷。

因征收集体所有的土地及其补偿发生的纠纷，不属于农村土地承包仲裁委员会的受理范围，可以通过行政复议或者诉讼等方式解决。

第三条 发生农村土地承包经营纠纷的，当事人可以自行和解，也可以请求村民委员会、乡（镇）人民政府等调解。

第四条 当事人和解、调解不成或者不愿和解、调解的，可以向农村土地承包仲裁委员会申请仲裁，也可以直接向人民法院起诉。

第五条 农村土地承包经营纠纷调解和仲裁，应当公开、公平、公正，便民高效，根据事实，符合法律，尊重社会公德。

第六条 县级以上人民政府应当加强对农村土地承包经营纠纷调解和仲裁工作的指导。

县级以上人民政府农村土地承包管理部门及其他有关部门应当依照职责分工，支持有关调解组织和农村土地承包仲裁委员会依法开展工作。

第二章 调 解

第七条 村民委员会、乡（镇）人民政府应当加强农村土地承包经营纠纷的调解工作，帮助当事人达成协议解决纠纷。

第八条 当事人申请农村土地承包经营纠纷调解可以书面申请，也可以口头申请。口头申请的，由村民委员会或者乡（镇）人民政府当场记录申请人的基本情况、申请调解的纠纷事项、理由和时间。

第九条 调解农村土地承包经营纠纷，村民委员会或者乡（镇）人民政府应当充分听取当事人对事实和理由的陈述，讲解有关法律以及国家政策，耐心疏导，帮助当事人达成协议。

第十条 经调解达成协议的，村民委员会或者乡（镇）人民政府应当制作调解协议书。

调解协议书由双方当事人签名、盖章或者按指印，经调解人员签名并加盖调解组织印章后生效。

第十一条 仲裁庭对农村土地承包经营纠纷应当进行调解。

调解达成协议的，仲裁庭应当制作调解书；调解不成的，应当及时作出裁决。

调解书应当写明仲裁请求和当事人协议的结果。调解书由仲裁员签名，加盖农村土地承包仲裁委员会印章，送达双方当事人。

调解书经双方当事人签收后，即发生法律效力。在调解书签收前当事人反悔的，仲裁庭应当及时作出裁决。

第三章　仲　裁

第一节　仲裁委员会和仲裁员

第十二条　农村土地承包仲裁委员会，根据解决农村土地承包经营纠纷的实际需要设立。农村土地承包仲裁委员会可以在县和不设区的市设立，也可以在设区的市或者其市辖区设立。

农村土地承包仲裁委员会在当地人民政府指导下设立。设立农村土地承包仲裁委员会的，其日常工作由当地农村土地承包管理部门承担。

第十三条　农村土地承包仲裁委员会由当地人民政府及其有关部门代表、有关人民团体代表、农村集体经济组织代表、农民代表和法律、经济等相关专业人员兼任组成，其中农民代表和法律、经济等相关专业人员不得少于组成人员的二分之一。

农村土地承包仲裁委员会设主任一人、副主任一至二人和委员若干人。主任、副主任由全体组成人员选举产生。

第十四条　农村土地承包仲裁委员会依法履行下列职责：

（一）聘任、解聘仲裁员；

（二）受理仲裁申请；

（三）监督仲裁活动。

农村土地承包仲裁委员会应当依照本法制定章程，对其组成人员的产生方式及任期、议事规则等作出规定。

第十五条 农村土地承包仲裁委员会应当从公道正派的人员中聘任仲裁员。

仲裁员应当符合下列条件之一：

（一）从事农村土地承包管理工作满五年；

（二）从事法律工作或者人民调解工作满五年；

（三）在当地威信较高，并熟悉农村土地承包法律以及国家政策的居民。

第十六条 农村土地承包仲裁委员会应当对仲裁员进行农村土地承包法律以及国家政策的培训。

省、自治区、直辖市人民政府农村土地承包管理部门应当制定仲裁员培训计划，加强对仲裁员培训工作的组织和指导。

第十七条 农村土地承包仲裁委员会组成人员、仲裁员应当依法履行职责，遵守农村土地承包仲裁委员会章程和仲裁规则，不得索贿受贿、徇私舞弊，不得侵害当事人的合法权益。

仲裁员有索贿受贿、徇私舞弊、枉法裁决以及接受当事人请客送礼等违法违纪行为的，农村土地承包仲裁委员会应当将其除名；构成犯罪的，依法追究刑事责任。

县级以上地方人民政府及有关部门应当受理对农村土地承包仲裁委员会组成人员、仲裁员违法违纪行为的投诉和举报，并依法组织查处。

第二节　申请和受理

第十八条 农村土地承包经营纠纷申请仲裁的时效期间为二年，自当事人知道或者应当知道其权利被侵害之日起计算。

第十九条 农村土地承包经营纠纷仲裁的申请人、被申请人为当事人。家庭承包的，可以由农户代表人参加仲裁。当事人一方人数众多的，可以推选代表人参加仲裁。

与案件处理结果有利害关系的，可以申请作为第三人参加仲裁，或者由农村土地承包仲裁委员会通知其参加仲裁。

当事人、第三人可以委托代理人参加仲裁。

第二十条 申请农村土地承包经营纠纷仲裁应当符合下列条件：

（一）申请人与纠纷有直接的利害关系；

（二）有明确的被申请人；

（三）有具体的仲裁请求和事实、理由；

（四）属于农村土地承包仲裁委员会的受理范围。

第二十一条 当事人申请仲裁，应当向纠纷涉及的土地所在地的农村土地承包仲裁委员会递交仲裁申请书。仲裁申请书可以邮寄或者委托他人代交。仲裁申请书应当载明申请人和被申请人的基本情况，仲裁请求和所根据的事实、理由，并提供相应的证据和证据来源。

书面申请确有困难的，可以口头申请，由农村土地承包仲裁委员会记入笔录，经申请人核实后由其签名、盖章或者按指印。

第二十二条 农村土地承包仲裁委员会应当对仲裁申请予以审查，认为符合本法第二十条规定的，应当受理。有下列情形之一的，不予受理；已受理的，终止仲裁程序：

（一）不符合申请条件；

（二）人民法院已受理该纠纷；

（三）法律规定该纠纷应当由其他机构处理；

（四）对该纠纷已有生效的判决、裁定、仲裁裁决、行政处理决定等。

第二十三条 农村土地承包仲裁委员会决定受理的，应当自收到仲裁申请之日起五个工作日内，将受理通知书、仲裁规则和仲裁员名册送达申请人；决定不予受理或者终止仲裁程序的，应当自收到仲裁申请或者发现终止仲裁程序情形之日起五个工作日内书面通知申请人，并说明理由。

第二十四条 农村土地承包仲裁委员会应当自受理仲裁申请之日起五个工作日内，将受理通知书、仲裁申请书副本、仲裁规则和仲裁员名册送达被申请人。

第二十五条 被申请人应当自收到仲裁申请书副本之日起十日内向农村土地承包仲裁委员会提交答辩书；书面答辩确有困难的，可以口头答辩，由农村土地承包仲裁委员会记入笔录，经被申请人核实后由其签名、盖章或者按指印。农村土地承包仲裁委员会应当自收到答辩书之日起五个工作日内将答辩书副本送达申请人。被申请人未答辩的，不影响仲裁程序的进行。

第二十六条 一方当事人因另一方当事人的行为或者其他原因，可能使裁决不能执行或者难以执行的，可以申请财产保全。

当事人申请财产保全的，农村土地承包仲裁委员会应当将当事人的申请提交被申请人住所地或者财产所在地的基层人民法院。

申请有错误的，申请人应当赔偿被申请人因财产保全所遭受的损失。

第三节 仲裁庭的组成

第二十七条 仲裁庭由三名仲裁员组成，首席仲裁员由当事人共同选定，其他两名仲裁员由当事人各自选定；当事人不能选定的，由农村土地承包仲裁委员会主任指定。

事实清楚、权利义务关系明确、争议不大的农村土地承包经营纠纷，经双方当事人同意，可以由一名仲裁员仲裁。仲裁员由当事人共同选定或者由农村土地承包仲裁委员会主任指定。

农村土地承包仲裁委员会应当自仲裁庭组成之日起两个工作日内将仲裁庭组成情况通知当事人。

第二十八条 仲裁员有下列情形之一的，必须回避，当事人也有权以口头或者书面方式申请其回避：

（一）是本案当事人或者当事人、代理人的近亲属；

（二）与本案有利害关系；

（三）与本案当事人、代理人有其他关系，可能影响公正仲裁；

（四）私自会见当事人、代理人，或者接受当事人、代理人的请客送礼。

当事人提出回避申请，应当说明理由，在首次开庭前提出。回避事由在首次开庭后知道的，可以在最后一次开庭终结前提出。

第二十九条 农村土地承包仲裁委员会对回避申请应当及时作出决定，以口头或者书面方式通知当事人，并说明理由。

仲裁员是否回避，由农村土地承包仲裁委员会主任决定；农村土地承包仲裁委员会主任担任仲裁员时，由农村土地承包仲裁委员会集体决定。

仲裁员因回避或者其他原因不能履行职责的，应当依照本法规定重新选定或者指定仲裁员。

第四节 开庭和裁决

第三十条 农村土地承包经营纠纷仲裁应当开庭进行。

开庭可以在纠纷涉及的土地所在地的乡（镇）或者村进行，也可以在农村土地承包仲裁委员会所在地进行。当事人双方要求在乡（镇）或者村开庭的，应当在该乡（镇）或者村开庭。

开庭应当公开，但涉及国家秘密、商业秘密和个人隐私以及当事人约定不公开的除外。

第三十一条 仲裁庭应当在开庭五个工作日前将开庭的时间、地点通知当事人和其他仲裁参与人。

当事人有正当理由的，可以向仲裁庭请求变更开庭的时间、地点。是否变更，由仲裁庭决定。

第三十二条 当事人申请仲裁后，可以自行和解。达成和解协议的，可以请求仲裁庭根据和解协议作出裁决书，也可以撤回仲裁申请。

第三十三条 申请人可以放弃或者变更仲裁请求。被申请人可以承认或者反驳仲裁请求，有权提出反请求。

第三十四条 仲裁庭作出裁决前，申请人撤回仲裁申请的，除被申请人提出反请求的外，仲裁庭应当终止仲裁。

第三十五条 申请人经书面通知，无正当理由不到庭或者未经仲裁庭许可中途退庭的，可以视为撤回仲裁申请。

被申请人经书面通知，无正当理由不到庭或者未经仲裁庭许可中途退庭的，可以缺席裁决。

第三十六条 当事人在开庭过程中有权发表意见、陈述事实和理由、提供证据、进行质证和辩论。对不通晓当地通用语言文字的当事人，农村土地承包仲裁委员会应当为其提供翻译。

第三十七条 当事人应当对自己的主张提供证据。与纠纷有关的证据由作为当事人一方的发包方等掌握管理的，该当事人应当在仲裁庭指定的期限内提供，逾期不提供的，应当承担不利后果。

第三十八条 仲裁庭认为有必要收集的证据，可以自行收集。

第三十九条 仲裁庭对专门性问题认为需要鉴定的，可以交由当事人约定的鉴定机构鉴定；当事人没有约定的，由仲裁庭指定的鉴定机构鉴定。

根据当事人的请求或者仲裁庭的要求，鉴定机构应当派鉴定人参加开庭。当事人经仲裁庭许可，可以向鉴定人提问。

第四十条 证据应当在开庭时出示，但涉及国家秘密、商业秘密和个人隐私的证据不得在公开开庭时出示。

仲裁庭应当依照仲裁规则的规定开庭，给予双方当事人平等陈述、辩论的机会，并组织当事人进行质证。

经仲裁庭查证属实的证据，应当作为认定事实的根据。

第四十一条 在证据可能灭失或者以后难以取得的情况下，当事人可以申请证据保全。当事人申请证据保全的，农村土地承包仲裁委员会应当将当事人的申请提交证据所在地的基层人民法院。

第四十二条 对权利义务关系明确的纠纷，经当事人申请，仲裁庭可以先行裁定维持现状、恢复农业生产以及停止取土、占地等行为。

一方当事人不履行先行裁定的，另一方当事人可以向人民法院申请执行，但应当提供相应的担保。

第四十三条 仲裁庭应当将开庭情况记入笔录，由仲裁员、记录人员、当事人和其他仲裁参与人签名、盖章或者按指印。

当事人和其他仲裁参与人认为对自己陈述的记录有遗漏或者差错的，有权申请补正。如果不予补正，应当记录该申请。

第四十四条 仲裁庭应当根据认定的事实和法律以及国家政策作出裁决并制作裁决书。

裁决应当按照多数仲裁员的意见作出，少数仲裁员的不同意见可以记入笔录。仲裁庭不能形成多数意见时，裁决应当按照首席仲裁员的意见作出。

第四十五条 裁决书应当写明仲裁请求、争议事实、裁决理由、裁决结果、裁决日期以及当事人不服仲裁裁决的起诉权利、期限，由仲裁员签名，加盖农村土地承包仲裁委员会印章。

农村土地承包仲裁委员会应当在裁决作出之日起三个工作日内将裁决书送达当事人，并告知当事人不服仲裁裁决的起诉权利、期限。

第四十六条 仲裁庭依法独立履行职责，不受行政机关、社会团体和个人的干涉。

第四十七条 仲裁农村土地承包经营纠纷，应当自受理仲裁申请之日起六十日内结束；案情复杂需要延长的，经农村土地承包仲裁委员会主任批准可以延长，并书面通知当事人，但延长期限不得超过三十日。

第四十八条 当事人不服仲裁裁决的，可以自收到裁决书之日起三十日内向人民法院起诉。逾期不起诉的，裁决书即发生法律效力。

第四十九条 当事人对发生法律效力的调解书、裁决书，应当依照规定的期限履行。一方当事人逾期不履行的，另一方当事人可以向被申请人住所地或者财产所在地的基层人民法院申请执行。受理申请的人民法院应当依法执行。

第四章 附 则

第五十条 本法所称农村土地，是指农民集体所有和国家所有依法由农民集体使用的耕地、林地、草地以及其他依法用于农业的土地。

第五十一条 农村土地承包经营纠纷仲裁规则和农村土地承包仲裁委员会示范章程，由国务院农业、林业行政主管部门依照本法规定共同制定。

第五十二条 农村土地承包经营纠纷仲裁不得向当事人收取费用，仲裁工作经费纳入财政预算予以保障。

第五十三条 本法自2010年1月1日起施行。

中华人民共和国农村土地承包法

（2002年8月29日第九届全国人民代表大会常务委员会第二十九次会议通过，2002年8月29日中华人民共和国主席令第七十三号公布，自2003年3月1日起施行）

第一章 总 则

第一条 为稳定和完善以家庭承包经营为基础、统分结合的双层经营体制，赋予农民长期而有保障的土地使用权，维护农村土地承包当事人的合法权益，促进农业、农村经济发展和农村社会稳定，根据宪法，制定本法。

第二条 本法所称农村土地，是指农民集体所有和国家所有依法由农民集体使用的耕地、林地、草地以及其他依法用于农业的土地。

第三条 国家实行农村土地承包经营制度。

农村土地承包采取农村集体经济组织内部的家庭承包方式，不宜采取家庭承包方式的荒山、荒沟、荒丘、荒滩等农村土地，可以采取招标、拍卖、公开协商等方式承包。

第四条 国家依法保护农村土地承包关系的长期稳定。

农村土地承包后，土地的所有权性质不变。承包地不得买卖。

第五条 农村集体经济组织成员有权依法承包由本集体经济

组织发包的农村土地。

任何组织和个人不得剥夺和非法限制农村集体经济组织成员承包土地的权利。

第六条 农村土地承包，妇女与男子享有平等的权利。承包中应当保护妇女的合法权益，任何组织和个人不得剥夺、侵害妇女应当享有的土地承包经营权。

第七条 农村土地承包应当坚持公开、公平、公正的原则，正确处理国家、集体、个人三者的利益关系。

第八条 农村土地承包应当遵守法律、法规，保护土地资源的合理开发和可持续利用。未经依法批准不得将承包地用于非农建设。

国家鼓励农民和农村集体经济组织增加对土地的投入，培肥地力，提高农业生产能力。

第九条 国家保护集体土地所有者的合法权益，保护承包方的土地承包经营权，任何组织和个人不得侵犯。

第十条 国家保护承包方依法、自愿、有偿地进行土地承包经营权流转。

第十一条 国务院农业、林业行政主管部门分别依照国务院规定的职责负责全国农村土地承包及承包合同管理的指导。县级以上地方人民政府农业、林业等行政主管部门分别依照各自职责，负责本行政区域内农村土地承包及承包合同管理。乡(镇)人民政府负责本行政区域内农村土地承包及承包合同管理。

第二章 家庭承包

第一节 发包方和承包方的权利和义务

第十二条 农民集体所有的土地依法属于村农民集体所有的，由村集体经济组织或者村民委员会发包；已经分别属于村内两个以上农村集体经济组织的农民集体所有的，由村内各该农村集体经济组织或者村民小组发包。村集体经济组织或者村民委员会发包的，不得改变村内各集体经济组织农民集体所有的土地的所有权。

国家所有依法由农民集体使用的农村土地，由使用该土地的农村集体经济组织、村民委员会或者村民小组发包。

第十三条 发包方享有下列权利：

（一）发包本集体所有的或者国家所有依法由本集体使用的农村土地；

（二）监督承包方依照承包合同约定的用途合理利用和保护土地；

（三）制止承包方损害承包地和农业资源的行为；

（四）法律、行政法规规定的其他权利。

第十四条 发包方承担下列义务：

（一）维护承包方的土地承包经营权，不得非法变更、解除承包合同；

（二）尊重承包方的生产经营自主权，不得干涉承包方依法进行正常的生产经营活动；

（三）依照承包合同约定为承包方提供生产、技术、信息等服务；

（四）执行县、乡（镇）土地利用总体规划，组织本集体经济组织内的农业基础设施建设；

（五）法律、行政法规规定的其他义务。

第十五条 家庭承包的承包方是本集体经济组织的农户。

第十六条 承包方享有下列权利：

（一）依法享有承包地使用、收益和土地承包经营权流转的权利，有权自主组织生产经营和处置产品；

（二）承包地被依法征收、征用、占用的，有权依法获得相应的补偿；

（三）法律、行政法规规定的其他权利。

第十七条 承包方承担下列义务：

（一）维持土地的农业用途，不得用于非农建设；

（二）依法保护和合理利用土地，不得给土地造成永久性损害；

（三）法律、行政法规规定的其他义务。

第二节 承包的原则和程序

第十八条 土地承包应当遵循以下原则：

（一）按照规定统一组织承包时，本集体经济组织成员依法平等地行使承包土地的权利，也可以自愿放弃承包土地的权利；

（二）民主协商，公平合理；

（三）承包方案应当按照本法第十二条的规定，依法经本集体经济组织成员的村民会议三分之二以上成员或者三分之二以上村民代表的同意；

（四）承包程序合法。

第十九条 土地承包应当按照以下程序进行：

（一）本集体经济组织成员的村民会议选举产生承包工作小组；

（二）承包工作小组依照法律、法规的规定拟订并公布承包方案；

（三）依法召开本集体经济组织成员的村民会议，讨论通过承包方案；

（四）公开组织实施承包方案；

（五）签订承包合同。

第三节 承包期限和承包合同

第二十条 耕地的承包期为三十年。草地的承包期为三十年至五十年。林地的承包期为三十年至七十年；特殊林木的林地承包期，经国务院林业行政主管部门批准可以延长。

第二十一条 发包方应当与承包方签订书面承包合同。

承包合同一般包括以下条款：

（一）发包方、承包方的名称，发包方负责人和承包方代表的姓名、住所；

（二）承包土地的名称、坐落、面积、质量等级；

（三）承包期限和起止日期；

（四）承包土地的用途；

（五）发包方和承包方的权利和义务；

（六）违约责任。

第二十二条 承包合同自成立之日起生效。承包方自承包合同生效时取得土地承包经营权。

第二十三条 县级以上地方人民政府应当向承包方颁发土地承包经营权证或者林权证等证书，并登记造册，确认土地承包经营权。

颁发土地承包经营权证或者林权证等证书，除按规定收取证书工本费外，不得收取其他费用。

第二十四条 承包合同生效后，发包方不得因承办人或者负责人的变动而变更或者解除，也不得因集体经济组织的分立或者合并而变更或者解除。

第二十五条 国家机关及其工作人员不得利用职权干涉农村土地承包或者变更、解除承包合同。

第四节 土地承包经营权的保护

第二十六条 承包期内，发包方不得收回承包地。

承包期内，承包方全家迁入小城镇落户的，应当按照承包方的意愿，保留其土地承包经营权或者允许其依法进行土地承包经营权流转。

承包期内，承包方全家迁入设区的市，转为非农业户口的，应当将承包的耕地和草地交回发包方。承包方不交回的，发包方可以收回承包的耕地和草地。

承包期内，承包方交回承包地或者发包方依法收回承包地时，承包方对其在承包地上投入而提高土地生产能力的，有权获得相应的补偿。

第二十七条　承包期内，发包方不得调整承包地。

承包期内，因自然灾害严重毁损承包地等特殊情形对个别农户之间承包的耕地和草地需要适当调整的，必须经本集体经济组织成员的村民会议三分之二以上成员或者三分之二以上村民代表的同意，并报乡（镇）人民政府和县级人民政府农业等行政主管部门批准。承包合同中约定不得调整的，按照其约定。

第二十八条　下列土地应当用于调整承包土地或者承包给新增人口：

（一）集体经济组织依法预留的机动地；

（二）通过依法开垦等方式增加的；

（三）承包方依法、自愿交回的。

第二十九条　承包期内，承包方可以自愿将承包地交回发包方。承包方自愿交回承包地的，应当提前半年以书面形式通知发包方。承包方在承包期内交回承包地的，在承包期内不得再要求承包土地。

第三十条　承包期内，妇女结婚，在新居住地未取得承包地的，发包方不得收回其原承包地；妇女离婚或者丧偶，仍在原居住地生活或者不在原居住地生活但在新居住地未取得承包地的，发包方不得收回其原承包地。

第三十一条　承包人应得的承包收益，依照继承法的规定继承。

林地承包的承包人死亡，其继承人可以在承包期内继续承包。

第五节　土地承包经营权的流转

第三十二条　通过家庭承包取得的土地承包经营权可以依法采取转包、出租、互换、转让或者其他方式流转。

第三十三条　土地承包经营权流转应当遵循以下原则：

（一）平等协商、自愿、有偿，任何组织和个人不得强迫或者阻碍承包方进行土地承包经营权流转；

（二）不得改变土地所有权的性质和土地的农业用途；

（三）流转的期限不得超过承包期的剩余期限；

（四）受让方须有农业经营能力；

（五）在同等条件下，本集体经济组织成员享有优先权。

第三十四条　土地承包经营权流转的主体是承包方。承包方有权依法自主决定土地承包经营权是否流转和流转的方式。

第三十五条　承包期内，发包方不得单方面解除承包合同，不得假借少数服从多数强迫承包方放弃或者变更土地承包经营权，不得以划分“口粮田”和“责任田”等为由收回承包地搞招标承包，不得将承包地收回抵顶欠款。

第三十六条　土地承包经营权流转的转包费、租金、转让费等，应当由当事人双方协商确定。流转的收益归承包方所有，任何组织和个人不得擅自截留、扣缴。

第三十七条　土地承包经营权采取转包、出租、互换、转让或者其他方式流转，当事人双方应当签订书面合同。采取转让方式流转的，应当经发包方同意；采取转包、出租、互换或者其他方式流转的，应当报发包方备案。

土地承包经营权流转合同一般包括以下条款：

（一）双方当事人的姓名、住所；

（二）流转土地的名称、坐落、面积、质量等级；

（三）流转的期限和起止日期；

（四）流转土地的用途；

（五）双方当事人的权利和义务；

（六）流转价款及支付方式；

（七）违约责任。

第三十八条 土地承包经营权采取互换、转让方式流转，当事人要求登记的，应当向县级以上地方人民政府申请登记。未经登记，不得对抗善意第三人。

第三十九条 承包方可以在一定期限内将部分或者全部土地承包经营权转包或者出租给第三方，承包方与发包方的承包关系不变。

承包方将土地交由他人代耕不超过一年的，可以不签订书面合同。

第四十条 承包方之间为方便耕种或者各自需要，可以对属于同一集体经济组织的土地的土地承包经营权进行互换。

第四十一条 承包方有稳定的非农职业或者有稳定的收入来源的，经发包方同意，可以将全部或者部分土地承包经营权转让给其他从事农业生产经营的农户，由该农户同发包方确立新的承包关系，原承包方与发包方在该土地上的承包关系即行终止。

第四十二条 承包方之间为发展农业经济，可以自愿联合将土地承包经营权入股，从事农业合作生产。

第四十三条 承包方对其在承包地上投入而提高土地生产能力的，土地承包经营权依法流转时有权获得相应的补偿。

第三章 其他方式的承包

第四十四条 不宜采取家庭承包方式的荒山、荒沟、荒丘、荒滩等农村土地，通过招标、拍卖、公开协商等方式承包的，适用本章规定。

第四十五条　以其他方式承包农村土地的，应当签订承包合同。当事人的权利和义务、承包期限等，由双方协商确定。以招标、拍卖方式承包的，承包费通过公开竞标、竞价确定；以公开协商等方式承包的，承包费由双方议定。

第四十六条　荒山、荒沟、荒丘、荒滩等可以直接通过招标、拍卖、公开协商等方式实行承包经营，也可以将土地承包经营权折股份给本集体经济组织成员后，再实行承包经营或者股份合作经营。

承包荒山、荒沟、荒丘、荒滩的，应当遵守有关法律、行政法规的规定，防止水土流失，保护生态环境。

第四十七条　以其他方式承包农村土地，在同等条件下，本集体经济组织成员享有优先承包权。

第四十八条　发包方将农村土地发包给本集体经济组织以外的单位或者个人承包，应当事先经本集体经济组织成员的村民会议三分之二以上成员或者三分之二以上村民代表的同意，并报乡（镇）人民政府批准。

由本集体经济组织以外的单位或者个人承包的，应当对承包方的资信情况和经营能力进行审查后，再签订承包合同。

第四十九条　通过招标、拍卖、公开协商等方式承包农村土地，经依法登记取得土地承包经营权证或者林权证等证书的，其土地承包经营权可以依法采取转让、出租、入股、抵押或者其他方式流转。

第五十条　土地承包经营权通过招标、拍卖、公开协商等方式取得的，该承包人死亡，其应得的承包收益，依照继承法的规定继承；在承包期内，其继承人可以继续承包。

第四章　争议的解决和法律责任

第五十一条　因土地承包经营发生纠纷的，双方当事人可以通过协商解决，也可以请求村民委员会、乡（镇）人民政府等调解解决。

当事人不愿协商、调解或者协商、调解不成的，可以向农村土地承包仲裁机构申请仲裁，也可以直接向人民法院起诉。

第五十二条　当事人对农村土地承包仲裁机构的仲裁裁决不服的，可以在收到裁决书之日起三十日内向人民法院起诉。逾期不起诉的，裁决书即发生法律效力。

第五十三条　任何组织和个人侵害承包方的土地承包经营权的，应当承担民事责任。

第五十四条　发包方有下列行为之一的，应当承担停止侵害、返还原物、恢复原状、排除妨害、消除危险、赔偿损失等民事责任：

（一）干涉承包方依法享有的生产经营自主权；

（二）违反本法规定收回、调整承包地；

（三）强迫或者阻碍承包方进行土地承包经营权流转；

（四）假借少数服从多数强迫承包方放弃或者变更土地承包经营权而进行土地承包经营权流转；

（五）以划分“口粮田”和“责任田”等为由收回承包地搞招标承包；

（六）将承包地收回抵顶欠款；

（七）剥夺、侵害妇女依法享有的土地承包经营权；

（八）其他侵害土地承包经营权的行为。

第五十五条　承包合同中违背承包方意愿或者违反法律、行政法规有关不得收回、调整承包地等强制性规定的约定无效。

第五十六条　当事人一方不履行合同义务或者履行义务不符

合约定的，应当依照《中华人民共和国合同法》的规定承担违约责任。

第五十七条 任何组织和个人强迫承包方进行土地承包经营权流转的，该流转无效。

第五十八条 任何组织和个人擅自截留、扣缴土地承包经营权流转收益的，应当退还。

第五十九条 违反土地管理法规，非法征收、征用、占用土地或者贪污、挪用土地征用补偿费用，构成犯罪的，依法追究刑事责任；造成他人损害的，应当承担损害赔偿等责任。

第六十条 承包方违法将承包地用于非农建设的，由县级以上地方人民政府有关行政主管部门依法予以处罚。

承包方给承包地造成永久性损害的，发包方有权制止，并有权要求承包方赔偿由此造成的损失。

第六十一条 国家机关及其工作人员有利用职权干涉农村土地承包，变更、解除承包合同，干涉承包方依法享有的生产经营自主权，或者强迫、阻碍承包方进行土地承包经营权流转等侵害土地承包经营权的行为，给承包方造成损失的，应当承担损害赔偿等责任；情节严重的，由上级机关或者所在单位给予直接责任人员行政处分；构成犯罪的，依法追究刑事责任。

第五章　附　则

第六十二条 本法实施前已经按照国家有关农村土地承包的规定承包，包括承包期限长于本法规定的，本法实施后继续有效，不得重新承包土地。未向承包方颁发土地承包经营权证或者林权证等证书的，应当补发证书。

第六十三条 本法实施前已经预留机动地的，机动地面积不得超过本集体经济组织耕地总面积的百分之五。不足百分之五的，不得再增加机动地。

本法实施前未留机动地的，本法实施后不得再留机动地。

第六十四条 各省、自治区、直辖市人民代表大会常务委员会可以根据本法，结合本行政区域的实际情况，制定实施办法。

中华人民共和国森林法

(1984年9月20日第六届全国人民代表大会常务委员会第七次会议通过。又根据1998年4月29日第九届全国人民代表大会常务委员会第二次会议《关于修改〈中华人民共和国森林法〉的决定》修正)

第一章　总　则

第一条　为了保护、培育和合理利用森林资源，加快国土绿化，发挥森林蓄水保土、调节气候、改善环境和提供林产品的作用，适应社会主义建设和人民生活的需要，特制定本法。

第二条　在中华人民共和国领域内从事森林、林木的培育种植、采伐利用和森林、林木、林地的经营管理活动，都必须遵守本法。

第三条　森林资源属于国家所有，由法律规定属于集体所有的除外。

国家所有的和集体所有的森林、林木和林地，个人所有的林木和使用的林地，由县级以上地方人民政府登记造册，发放证书，确认所有权或者使用权。国务院可以授权国务院林业主管部门，对国务院确定的国家所有的重点林区的森林、林木和林地登记造册，发放证书，并通知有关地方人民政府。

森林、林木、林地的所有者和使用者的合法权益，受法律保护，任何单位和个人不得侵犯。

第四条 森林分为以下五类：

（一）防护林：以防护为主要目的的森林、林木和灌木丛，包括水源涵养林，水土保持林，防风固沙林，农田、牧场防护林，护岸林，护路林；

（二）用材林：以生产木材为主要目的的森林和林木，包括以生产竹材为主要目的的竹林；

（三）经济林：以生产果品，食用油料、饮料、调料，工业原料和药材等为主要目的的林木；

（四）薪炭林：以生产燃料为主要目的的林木；

（五）特种用途林：以国防、环境保护、科学实验等为主要目的的森林和林木，包括国防林、实验林、母树林、环境保护林、风景林，名胜古迹和革命纪念地的林木，自然保护区的森林。

第五条 林业建设实行以营林为基础，普遍护林，大力造林，采育结合，永续利用的方针。

第六条 国家鼓励林业科学研究，推广林业先进技术，提高林业科学技术水平。

第七条 国家保护林农的合法权益，依法减轻林农的负担，禁止向林农违法收费、罚款，禁止向林农进行摊派和强制集资。

国家保护承包造林的集体和个人的合法权益，任何单位和个人不得侵犯承包造林的集体和个人依法享有的林木所有权和其他合法权益。

第八条 国家对森林资源实行以下保护性措施：

（一）对森林实行限额采伐，鼓励植树造林、封山育林，扩大森林覆盖面积；

（二）根据国家和地方人民政府有关规定，对集体和个人造林、育林给予经济扶持或者长期贷款；

（三）提倡木材综合利用和节约使用木材，鼓励开发、利用木材代用品；

（四）征收育林费，专门用于造林育林；

（五）煤炭、造纸等部门，按照煤炭和木浆纸张等产品的产量提取一定数额的资金，专门用于营造坑木、造纸等用材林；

（六）建立林业基金制度。

国家设立森林生态效益补偿基金，用于提供生态效益的防护林和特种用途林的森林资源、林木的营造、抚育、保护和管理。森林生态效益补偿基金必须专款专用，不得挪作他用。具体办法由国务院规定。

第九条 国家和省、自治区人民政府，对民族自治地方的林业生产建设，依照国家对民族自治地方自治权的规定，在森林开发、木材分配和林业基金使用方面，给予比一般地区更多的自主权和经济利益。

第十条 国务院林业主管部门主管全国林业工作。县级以上地方人民政府林业主管部门，主管该地区的林业工作。乡级人民政府设专职或者兼职人员负责林业工作。

第十一条 植树造林、保护森林，是公民应尽的义务。各级人民政府应当组织全民义务植树，开展植树造林活动。

第十二条 在植树造林、保护森林、森林管理以及林业科学研究等方面成绩显著的单位或者个人，由各级人民政府给予奖励。

第二章 森林经营管理

第十三条 各级林业主管部门依照本法规定，对森林资源的保护、利用、更新，实行管理和监督。

第十四条 各级林业主管部门负责组织森林资源清查，建立资源档案制度，掌握资源变化情况。

第十五条 下列森林、林木、林地使用权可以依法转让，也可以依法作价入股或者作为合资、合作造林、经营林木的出资、合作条件，但不得将林地改为非林地：

（一）用材林、经济林、薪炭林；

（二）用材林、经济林、薪炭林的林地使用权；

（三）用材林、经济林、薪炭林的采伐迹地、火烧迹地的林地使用权；

（四）国务院规定的其他森林、林木和其他林地使用权。

依照前款规定转让、作价入股或者作为合资、合作造林、经营林木的出资、合作条件的，已经取得的林木采伐许可证可以同时转让，同时转让双方都必须遵守本法关于森林、林木采伐和更新造林的规定。

除本条第一款规定的情形外，其他森林、林木和其他林地使用权不得转让。

具体办法由国务院规定。

第十六条 各级人民政府应当制定林业长远规划。国有林业企业事业单位和自然保护区，应当根据林业长远规划，编制森林经营方案，报上级主管部门批准后实行。

林业主管部门应当指导农村集体经济组织和国有的农场、牧场、工矿企业等单位编制森林经营方案。

第十七条 单位之间发生的林木、林地所有权和使用权争议，由县级以上人民政府依法处理。

个人之间、个人与单位之间发生的林木所有权和林地使用权争议，由当地县级或者乡级人民政府依法处理。

当事人对人民政府的处理决定不服的，可以在接到通知之日起一个月内，向人民法院起诉。

在林木、林地权属争议解决以前，任何一方不得砍伐有争议的林木。

第十八条 进行勘查、开采矿藏和各项建设工程，应当不占或者少占林地；必须占用或者征收、征用林地的，经县级以上人民政府林业主管部门审核同意后，依照有关土地管理的法律、行政法规办理建设用地审批手续，并由用地单位依照国务院有关规定缴纳森林植被恢复费。森林植被恢复费专款专用，由林业主管部门依照有关规定统一安排植树造林，恢复森林植被，植树造林面积不得少于因占用、征收、征用林地而减少的森林植被面积。上级林业主管部门应当定期督促、检查下级林业主管部门组织植树造林、恢复森林植被的情况。

任何单位和个人不得挪用森林植被恢复费。县级以上人民政府审计机关应当加强对森林植被恢复费使用情况的监督。

第三章 森林保护

第十九条 地方各级人民政府应当组织有关部门建立护林组织，负责护林工作；根据实际需要在大面积林区增加护林设施，加强森林保护；督促有林的和林区的基层单位，订立护林公约，组织群众护林，划定护林责任区，配备专职或者兼职护林员。

护林员可以由县级或者乡级人民政府委任。护林员的主要职责是：巡护森林，制止破坏森林资源的行为。对造成森林资源破坏的，护林员有权要求当地有关部门处理。

第二十条 依照国家有关规定在林区设立的森林公安机关，负责维护辖区社会治安秩序，保护辖区内的森林资源，并可以依照本法规定，在国务院林业主管部门授权的范围内，代行本法第三十九条、第四十二条、第四十三条、第四十四条规定的行政处罚权。

武装森林警察部队执行国家赋予的预防和扑救森林火灾的任务。

第二十一条 地方各级人民政府应当切实做好森林火灾的预防和扑救工作：

（一）规定森林防火期，在森林防火期内，禁止在林区野外用火；因特殊情况需要用火的，必须经过县级人民政府或者县级人民政府授权的机关批准；

（二）在林区设置防火设施；

（三）发生森林火灾，必须立即组织当地军民和有关部门扑救；

（四）因扑救森林火灾负伤、致残、牺牲的，国家职工由所在单位给予医疗、抚恤；非国家职工由起火单位按照国务院有关主管部门的规定给予医疗、抚恤，起火单位对起火没有责任或者确实无力负担的，由当地人民政府给予医疗、抚恤。

第二十二条 各级林业主管部门负责组织森林病虫害防治工作。

林业主管部门负责规定林木种苗的检疫对象，划定疫区和保护区，对林木种苗进行检疫。

第二十三条 禁止毁林开垦和毁林采石、采砂、采土以及其他毁林行为。

禁止在幼林地和特种用途林内砍柴、放牧。

进入森林和森林边缘地区的人员，不得擅自移动或者损坏为林业服务的标志。

第二十四条 国务院林业主管部门和省、自治区、直辖市人民政府，应当在不同自然地带的典型森林生态地区、珍贵动物和植物生长繁殖的林区、天然热带雨林区和具有特殊保护价值的其他天然林区，划定自然保护区，加强保护管理。

自然保护区的管理办法，由国务院林业主管部门制定，报国务院批准施行。

对自然保护区以外的珍贵树木和林区内具有特殊价值的植物资源，应当认真保护；未经省、自治区、直辖市林业主管部门批准，不得采伐和采集。

第二十五条 林区内列为国家保护的野生动物，禁止猎捕；因特殊需要猎捕的，按照国家有关法规办理。

第四章 植树造林

第二十六条 各级人民政府应当制定植树造林规划，因地制宜地确定该地区提高森林覆盖率的奋斗目标。

各级人民政府应当组织各行各业和城乡居民完成植树造林规划确定的任务。

宜林荒山荒地，属于国家所有的，由林业主管部门和其他主管部门组织造林；属于集体所有的，由集体经济组织组织造林。

铁路公路两旁、江河两侧、湖泊水库周围，由各有关主管单位因地制宜地组织造林；工矿区，机关、学校用地，部队营区以及农场、牧场、渔场经营地区，由各该单位负责造林。

国家所有和集体所有的宜林荒山荒地可以由集体或者个人承包造林。

第二十七条 国有企业事业单位、机关、团体、部队营造的林木，由营造单位经营并按照国家规定支配林木收益。

集体所有制单位营造的林木，归该单位所有。

农村居民在房前屋后、自留地、自留山种植的林木，归个人所有。城镇居民和职工在自有房屋的庭院内种植的林木，归个人所有。

集体或者个人承包国家所有和集体所有的宜林荒山荒地造林的，承包后种植的林木归承包的集体或者个人所有；承包合同另有规定的，按照承包合同的规定执行。

第二十八条 新造幼林地和其他必须封山育林的地方，由当地人民政府组织封山育林。

第五章　森林采伐

第二十九条　国家根据用材林的消耗量低于生长量的原则，严格控制森林年采伐量。国家所有的森林和林木以国有林业企业事业单位、农场、厂矿为单位，集体所有的森林和林木、个人所有的林木以县为单位，制定年采伐限额，由省、自治区、直辖市林业主管部门汇总，经同级人民政府审核后，报国务院批准。

第三十条　国家制定统一的年度木材生产计划。年度木材生产计划不得超过批准的年采伐限额。计划管理的范围由国务院规定。

第三十一条　采伐森林和林木必须遵守下列规定：

（一）成熟的用材林应当根据不同情况，分别采取择伐、皆伐和渐伐方式，皆伐应当严格控制，并在采伐的当年或者次年内完成更新造林；

（二）防护林和特种用途林中的国防林、母树林、环境保护林、风景林，只准进行抚育和更新性质的采伐；

（三）特种用途林中的名胜古迹和革命纪念地的林木、自然保护区的森林，严禁采伐。

第三十二条　采伐林木必须申请采伐许可证，按许可证的规定进行采伐；农村居民采伐自留地和房前屋后个人所有的零星林木除外。

国有林业企业事业单位、机关、团体、部队、学校和其他国有企业事业单位采伐林木，由所在地县级以上林业主管部门依照有关规定审核发放采伐许可证。

铁路、公路的护路林和城镇林木的更新采伐，由有关主管部门依照有关规定审核发放采伐许可证。

农村集体经济组织采伐林木，由县级林业主管部门依照有关规定审核发放采伐许可证。

农村居民采伐自留山和个人承包集体的林木，由县级林业主管部门或者其委托的乡、镇人民政府依照有关规定审核发放采伐许可证。

采伐以生产竹材为主要目的的竹林，适用以上各款规定。

第三十三条 审核发放采伐许可证的部门，不得超过批准的年采伐限额发放采伐许可证。

第三十四条 国有林业企业事业单位申请采伐许可证时，必须提出伐区调查设计文件。其他单位申请采伐许可证时，必须提出有关采伐的目的、地点、林种、林况、面积、蓄积、方式和更新措施等内容的文件。

对伐区作业不符合规定的单位，发放采伐许可证的部门有权收缴采伐许可证，中止其采伐，直到纠正为止。

第三十五条 采伐林木的单位或者个人，必须按照采伐许可证规定的面积、株数、树种、期限完成更新造林任务，更新造林的面积和株数不得少于采伐的面积和株数。

第三十六条 林区木材的经营和监督管理办法，由国务院另行规定。

第三十七条 从林区运出木材，必须持有林业主管部门发给的运输证件，国家统一调拨的木材除外。

依法取得采伐许可证后，按照许可证的规定采伐的木材，从林区运出时，林业主管部门应当发给运输证件。

经省、自治区、直辖市人民政府批准，可以在林区设立木材检查站，负责检查木材运输。对未取得运输证件或者物资主管部门发给的调拨通知书运输木材的，木材检查站有权制止。

第三十八条 国家禁止、限制出口珍贵树木及其制品、衍生物。禁止、限制出口的珍贵树木及其制品、衍生物的名录和年度限制出口总量，由国务院林业主管部门会同国务院有关部门制定，报国务院批准。

出口前款规定限制出口的珍贵树木或者其制品、衍生物的，必须经出口人所在地省、自治区、直辖市人民政府林业主管部门审核，报国务院林业主管部门批准，海关凭国务院林业主管部门的批准文件放行。进出口的树木或者其制品、衍生物属于中国参加的国际公约限制进出口的濒危物种的，并必须向国家濒危物种进出口管理机构申请办理允许进出口证明书，海关并凭允许进出口证明书放行。

第六章　法律责任

第三十九条　盗伐森林或者其他林木的，依法赔偿损失；由林业主管部门责令补种盗伐株数十倍的树木，没收盗伐的林木或者变卖所得，并处盗伐林木价值三倍以上十倍以下的罚款。

滥伐森林或者其他林木，由林业主管部门责令补种滥伐株数五倍的树木，并处滥伐林木价值二倍以上五倍以下的罚款。

拒不补种树木或者补种不符合国家有关规定的，由林业主管部门代为补种，所需费用由违法者支付。

盗伐、滥伐森林或者其他林木，构成犯罪的，依法追究刑事责任。

第四十条　违反本法规定，非法采伐、毁坏珍贵树木的，依法追究刑事责任。

第四十一条　违反本法规定，超过批准的年采伐限额发放林木采伐许可证或者超越职权发放林木采伐许可证、木材运输证件、批准出口文件、允许进出口证明书的，由上一级人民政府林业主管部门责令纠正，对直接负责的主管人员和其他直接责任人员依法给予行政处分；有关人民政府林业主管部门未予纠正的，国务院林业主管部门可以直接处理；构成犯罪的，依法追究刑事责任。

第四十二条 违反本法规定，买卖林木采伐许可证、木材运输证件、批准出口文件、允许进出口证明书的，由林业主管部门没收违法买卖的证件、文件和违法所得，并处违法买卖证件、文件的价款一倍以上三倍以下的罚款；构成犯罪的，依法追究刑事责任。

伪造林木采伐许可证、木材运输证件、批准出口文件、允许进出口证明书的，依法追究刑事责任。

第四十三条 在林区非法收购明知是盗伐、滥伐的林木的，由林业主管部门责令停止违法行为，没收违法收购的盗伐、滥伐的林木或者变卖所得，可以并处违法收购林木的价款一倍以上三倍以下的罚款；构成犯罪的，依法追究刑事责任。

第四十四条 违反本法规定，进行开垦、采石、采砂、采土、采种、采脂和其他活动，致使森林、林木受到毁坏的，依法赔偿损失；由林业主管部门责令停止违法行为，补种毁坏株数一倍以上三倍以下的树木，可以处毁坏林木价值一倍以上五倍以下的罚款。

违反本法规定，在幼林地和特种用途林内砍柴、放牧致使森林、林木受到毁坏的，依法赔偿损失；由林业主管部门责令停止违法行为，补种毁坏株数一倍以上三倍以下的树木。

拒不补种树木或者补种不符合国家有关规定的，由林业主管部门代为补种，所需费用由违法者支付。

第四十五条 采伐林木的单位或者个人没有按照规定完成更新造林任务的，发放采伐许可证的部门有权不再发给采伐许可证，直到完成更新造林任务为止；情节严重的，可以由林业主管部门处以罚款，对直接责任人员由所在单位或者上级主管机关给予行政处分。

第四十六条 从事森林资源保护、林业监督管理工作的林业主管部门的工作人员和其他国家机关的有关工作人员滥用职权、玩忽职守、徇私舞弊，构成犯罪的，依法追究刑事责任；尚不构成犯罪的，依法给予行政处分。

第七章 附 则

第四十七条 国务院林业主管部门根据本法制定实施办法，报国务院批准施行。

第四十八条 民族自治地方不能全部适用本法规定的，自治机关可以根据本法的原则，结合民族自治地方的特点，制定变通或者补充规定，依照法定程序报省、自治区或者全国人民代表大会常务委员会批准施行。

第四十九条 本法自 1985 年 1 月 1 日起施行。

中华人民共和国村民委员会组织法

（1998年11月4日第九届全国人民代表大会常务委员会第五次会议通过，2010年10月28日第十一届全国人民代表大会常务委员会第十七次会议修订）

第一章　总　则

第一条　为了保障农村村民实行自治，由村民依法办理自己的事情，发展农村基层民主，维护村民的合法权益，促进社会主义新农村建设，根据宪法，制定本法。

第二条　村民委员会是村民自我管理、自我教育、自我服务的基层群众性自治组织，实行民主选举、民主决策、民主管理、民主监督。

村民委员会办理本村的公共事务和公益事业，调解民间纠纷，协助维护社会治安，向人民政府反映村民的意见、要求和提出建议。

村民委员会向村民会议、村民代表会议负责并报告工作。

第三条　村民委员会根据村民居住状况、人口多少，按照便于群众自治，有利于经济发展和社会管理的原则设立。

村民委员会的设立、撤销、范围调整，由乡、民族乡、镇的人民政府提出，经村民会议讨论同意，报县级人民政府批准。

村民委员会可以根据村民居住状况、集体土地所有权关系等分设若干村民小组。

第四条 中国共产党在农村的基层组织，按照中国共产党章程进行工作，发挥领导核心作用，领导和支持村民委员会行使职权；依照宪法和法律，支持和保障村民开展自治活动、直接行使民主权利。

第五条 乡、民族乡、镇的人民政府对村民委员会的工作给予指导、支持和帮助，但是不得干预依法属于村民自治范围内的事项。

村民委员会协助乡、民族乡、镇的人民政府开展工作。

第二章 村民委员会的组成和职责

第六条 村民委员会由主任、副主任和委员共三至七人组成。

村民委员会成员中，应当有妇女成员，多民族村民居住的村应当有人数较少的民族的成员。

对村民委员会成员，根据工作情况，给予适当补贴。

第七条 村民委员会根据需要设人民调解、治安保卫、公共卫生与计划生育等委员会。村民委员会成员可以兼任下属委员会的成员。人口少的村的村民委员会可以不设下属委员会，由村民委员会成员分工负责人民调解、治安保卫、公共卫生与计划生育等工作。

第八条 村民委员会应当支持和组织村民依法发展各种形式的合作经济和其他经济，承担本村生产的服务和协调工作，促进农村生产建设和经济发展。

村民委员会依照法律规定，管理本村属于村农民集体所有的土地和其他财产，引导村民合理利用自然资源，保护和改善生态环境。

村民委员会应当尊重并支持集体经济组织依法独立进行经济

活动的自主权，维护以家庭承包经营为基础、统分结合的双层经营体制，保障集体经济组织和村民、承包经营户、联户或者合伙的合法财产权和其他合法权益。

第九条 村民委员会应当宣传宪法、法律、法规和国家的政策，教育和推动村民履行法律规定的义务、爱护公共财产，维护村民的合法权益，发展文化教育，普及科技知识，促进男女平等，做好计划生育工作，促进村与村之间的团结、互助，开展多种形式的社会主义精神文明建设活动。

村民委员会应当支持服务性、公益性、互助性社会组织依法开展活动，推动农村社区建设。

多民族村民居住的村，村民委员会应当教育和引导各民族村民增进团结、互相尊重、互相帮助。

第十条 村民委员会及其成员应当遵守宪法、法律、法规和国家的政策，遵守并组织实施村民自治章程、村规民约，执行村民会议、村民代表会议的决定、决议，办事公道，廉洁奉公，热心为村民服务，接受村民监督。

第三章 村民委员会的选举

第十一条 村民委员会主任、副主任和委员，由村民直接选举产生。任何组织或者个人不得指定、委派或者撤换村民委员会成员。

村民委员会每届任期三年，届满应当及时举行换届选举。村民委员会成员可以连选连任。

第十二条 村民委员会的选举，由村民选举委员会主持。

村民选举委员会由主任和委员组成，由村民会议、村民代表会议或者各村民小组会议推选产生。

村民选举委员会成员被提名为村民委员会成员候选人，应当退出村民选举委员会。

村民选举委员会成员退出村民选举委员会或者因其他原因出缺的，按照原推选结果依次递补，也可以另行推选。

第十三条 年满十八周岁的村民，不分民族、种族、性别、职业、家庭出身、宗教信仰、教育程度、财产状况、居住期限，都有选举权和被选举权；但是，依照法律被剥夺政治权利的人除外。

村民委员会选举前，应当对下列人员进行登记，列入参加选举的村民名单：

（一）户籍在本村并且在本村居住的村民；

（二）户籍在本村，不在本村居住，本人表示参加选举的村民；

（三）户籍不在本村，在本村居住一年以上，本人申请参加选举，并且经村民会议或者村民代表会议同意参加选举的公民。

已在户籍所在村或者居住村登记参加选举的村民，不得再参加其他地方村民委员会的选举。

第十四条 登记参加选举的村民名单应当在选举日的二十日前由村民选举委员会公布。

对登记参加选举的村民名单有异议的，应当自名单公布之日起五日内向村民选举委员会申诉，村民选举委员会应当自收到申诉之日起三日内作出处理决定，并公布处理结果。

第十五条 选举村民委员会，由登记参加选举的村民直接提名候选人。村民提名候选人，应当从全体村民利益出发，推荐奉公守法、品行良好、公道正派、热心公益、具有一定文化水平和工作能力的村民为候选人。候选人的名额应当多于应选名额。村民选举委员会应当组织候选人与村民见面，由候选人介绍履行职责的设想，回答村民提出的问题。

选举村民委员会，有登记参加选举的村民过半数投票，选举有效；候选人获得参加投票的村民过半数的选票，始得当选。当选人数不足应选名额的，不足的名额另行选举。另行选举的，第一次投票未当选的人员得票多的为候选人，候选人以得票多的当选，但是所得票数不得少于已投选票总数的三分之一。

选举实行无记名投票、公开计票的方法，选举结果应当当场公布。选举时，应当设立秘密写票处。

登记参加选举的村民，选举期间外出不能参加投票的，可以书面委托本村有选举权的近亲属代为投票。村民选举委员会应当公布委托人和受委托人的名单。

具体选举办法由省、自治区、直辖市的人民代表大会常务委员会规定。

第十六条　本村五分之一以上有选举权的村民或者三分之一以上的村民代表联名，可以提出罢免村民委员会成员的要求，并说明要求罢免的理由。被提出罢免的村民委员会成员有权提出申辩意见。

罢免村民委员会成员，须有登记参加选举的村民过半数投票，并须经投票的村民过半数通过。

第十七条　以暴力、威胁、欺骗、贿赂、伪造选票、虚报选举票数等不正当手段当选村民委员会成员的，当选无效。

对以暴力、威胁、欺骗、贿赂、伪造选票、虚报选举票数等不正当手段，妨害村民行使选举权、被选举权，破坏村民委员会选举的行为，村民有权向乡、民族乡、镇的人民代表大会和人民政府或者县级人民代表大会常务委员会和人民政府及其有关主管部门举报，由乡级或者县级人民政府负责调查并依法处理。

第十八条　村民委员会成员丧失行为能力或者被判处刑罚的，其职务自行终止。

第十九条　村民委员会成员出缺，可以由村民会议或者村民代表会议进行补选。补选程序参照本法第十五条的规定办理。补选的村民委员会成员的任期到本届村民委员会任期届满时止。

第二十条 村民委员会应当自新一届村民委员会产生之日起十日内完成工作移交。工作移交由村民选举委员会主持，由乡、民族乡、镇的人民政府监督。

第四章 村民会议和村民代表会议

第二十一条 村民会议由本村十八周岁以上的村民组成。

村民会议由村民委员会召集。有十分之一以上的村民或者三分之一以上的村民代表提议，应当召集村民会议。召集村民会议，应当提前十天通知村民。

第二十二条 召开村民会议，应当有本村十八周岁以上村民的过半数，或者本村三分之二以上的户的代表参加，村民会议所作决定应当经到会人员的过半数通过。法律对召开村民会议及作出决定另有规定的，依照其规定。

召开村民会议，根据需要可以邀请驻本村的企业、事业单位和群众组织派代表列席。

第二十三条 村民会议审议村民委员会的年度工作报告，评议村民委员会成员的工作；有权撤销或者变更村民委员会不适当的决定；有权撤销或者变更村民代表会议不适当的决定。

村民会议可以授权村民代表会议审议村民委员会的年度工作报告，评议村民委员会成员的工作，撤销或者变更村民委员会不适当的决定。

第二十四条 涉及村民利益的下列事项，经村民会议讨论决定方可办理：

（一）本村享受误工补贴的人员及补贴标准；

（二）从村集体经济所得收益的使用；

（三）本村公益事业的兴办和筹资筹劳方案及建设承包方案；

（四）土地承包经营方案；

（五）村集体经济项目的立项、承包方案；

（六）宅基地的使用方案；

（七）征地补偿费的使用、分配方案；

（八）以借贷、租赁或者其他方式处分村集体财产；

（九）村民会议认为应当由村民会议讨论决定的涉及村民利益的其他事项。

村民会议可以授权村民代表会议讨论决定前款规定的事项。

法律对讨论决定村集体经济组织财产和成员权益的事项另有规定的，依照其规定。

第二十五条　人数较多或者居住分散的村，可以设立村民代表会议，讨论决定村民会议授权的事项。村民代表会议由村民委员会成员和村民代表组成，村民代表应当占村民代表会议组成人员的五分之四以上，妇女村民代表应当占村民代表会议组成人员的三分之一以上。

村民代表由村民按每五户至十五户推选一人，或者由各村民小组推选若干人。村民代表的任期与村民委员会的任期相同。村民代表可以连选连任。

村民代表应当向其推选户或者村民小组负责，接受村民监督。

第二十六条　村民代表会议由村民委员会召集。村民代表会议每季度召开一次。有五分之一以上的村民代表提议，应当召集村民代表会议。

村民代表会议有三分之二以上的组成人员参加方可召开，所作决定应当经到会人员的过半数同意。

第二十七条　村民会议可以制定和修改村民自治章程、村规民约，并报乡、民族乡、镇的人民政府备案。

村民自治章程、村规民约以及村民会议或者村民代表会议的决定不得与宪法、法律、法规和国家的政策相抵触，不得有侵犯村民的人身权利、民主权利和合法财产权利的内容。

村民自治章程、村规民约以及村民会议或者村民代表会议的决定违反前款规定的，由乡、民族乡、镇的人民政府责令改正。

第二十八条　召开村民小组会议，应当有本村民小组十八周岁以上的村民三分之二以上，或者本村民小组三分之二以上的户的代表参加，所作决定应当经到会人员的过半数同意。

村民小组组长由村民小组会议推选。村民小组组长任期与村民委员会的任期相同，可以连选连任。

属于村民小组的集体所有的土地、企业和其他财产的经营管理以及公益事项的办理，由村民小组会议依照有关法律的规定讨论决定，所作决定及实施情况应当及时向本村民小组的村民公布。

第五章　民主管理和民主监督

第二十九条　村民委员会应当实行少数服从多数的民主决策机制和公开透明的工作原则，建立健全各种工作制度。

第三十条　村民委员会实行村务公开制度。

村民委员会应当及时公布下列事项，接受村民的监督：

（一）本法第二十三条、第二十四条规定的由村民会议、村民代表会议讨论决定的事项及其实施情况；

（二）国家计划生育政策的落实方案；

（三）政府拨付和接受社会捐赠的救灾救助、补贴补助等资金、物资的管理使用情况；

（四）村民委员会协助人民政府开展工作的情况；

（五）涉及本村村民利益，村民普遍关心的其他事项。

前款规定事项中，一般事项至少每季度公布一次；集体财务往来较多的，财务收支情况应当每月公布一次；涉及村民利益的重大事项应当随时公布。

村民委员会应当保证所公布事项的真实性，并接受村民的查询。

第三十一条 村民委员会不及时公布应当公布的事项或者公布的事项不真实的，村民有权向乡、民族乡、镇的人民政府或者县级人民政府及其有关主管部门反映，有关人民政府或者主管部门应当负责调查核实，责令依法公布；经查证确有违法行为的，有关人员应当依法承担责任。

第三十二条 村应当建立村务监督委员会或者其他形式的村务监督机构，负责村民民主理财，监督村务公开等制度的落实，其成员由村民会议或者村民代表会议在村民中推选产生，其中应有具备财会、管理知识的人员。村民委员会成员及其近亲属不得担任村务监督机构成员。村务监督机构成员向村民会议和村民代表会议负责，可以列席村民委员会会议。

第三十三条 村民委员会成员以及由村民或者村集体承担误工补贴的聘用人员，应当接受村民会议或者村民代表会议对其履行职责情况的民主评议。民主评议每年至少进行一次，由村务监督机构主持。

村民委员会成员连续两次被评议不称职的，其职务终止。

第三十四条 村民委员会和村务监督机构应当建立村务档案。村务档案包括：选举文件和选票，会议记录，土地发包方案和承包合同，经济合同，集体财务账目，集体资产登记文件，公益设施基本资料，基本建设资料，宅基地使用方案，征地补偿费使用及分配方案等。村务档案应当真实、准确、完整、规范。

第三十五条 村民委员会成员实行任期和离任经济责任审计，审计包括下列事项：

（一）本村财务收支情况；

（二）本村债权债务情况；

（三）政府拨付和接受社会捐赠的资金、物资管理使用情况；

（四）本村生产经营和建设项目的发包管理以及公益事业建设项目招标投标情况；

（五）本村资金管理使用以及本村集体资产、资源的承包、租赁、担保、出让情况，征地补偿费的使用、分配情况；

（六）本村五分之一以上的村民要求审计的其他事项。

村民委员会成员的任期和离任经济责任审计，由县级人民政府农业部门、财政部门或者乡、民族乡、镇的人民政府负责组织，审计结果应当公布，其中离任经济责任审计结果应当在下一届村民委员会选举之前公布。

第三十六条 村民委员会或者村民委员会成员作出的决定侵害村民合法权益的，受侵害的村民可以申请人民法院予以撤销，责任人依法承担法律责任。

村民委员会不依照法律、法规的规定履行法定义务的，由乡、民族乡、镇的人民政府责令改正。

乡、民族乡、镇的人民政府干预依法属于村民自治范围事项的，由上一级人民政府责令改正。

第六章 附 则

第三十七条 人民政府对村民委员会协助政府开展工作应当提供必要的条件；人民政府有关部门委托村民委员会开展工作需要经费的，由委托部门承担。

村民委员会办理本村公益事业所需的经费，由村民会议通过筹资筹劳解决；经费确有困难的，由地方人民政府给予适当支持。

第三十八条 驻在农村的机关、团体、部队、国有及国有控股企业、事业单位及其人员不参加村民委员会组织，但应当通过多种形式参与农村社区建设，并遵守有关村规民约。

村民委员会、村民会议或者村民代表会议讨论决定与前款规定的单位有关的事项，应当与其协商。

第三十九条 地方各级人民代表大会和县级以上地方各级人民代表大会常务委员会在本行政区域内保证本法的实施，保障村民依法行使自治权利。

第四十条 省、自治区、直辖市的人民代表大会常务委员会根据本法，结合本行政区域的实际情况，制定实施办法。

第四十一条 本法自公布之日起施行。

中华人民共和国合同法

（1999 年 3 月 15 日第九届全国人民代表大会第二次会议通过，
1999 年 3 月 15 日中华人民共和国主席令第十五号公布，
自 1999 年 10 月 1 日起施行）

总　则

第一章　一般规定

第一条　为了保护合同当事人的合法权益，维护社会经济秩序，促进社会主义现代化建设，制定本法。

第二条　本法所称合同是平等主体的自然人、法人、其他组织之间设立、变更、终止民事权利义务关系的协议。

婚姻、收养、监护等有关身份关系的协议，适用其他法律的规定。

第三条　合同当事人的法律地位平等，一方不得将自己的意志强加给另一方。

第四条　当事人依法享有自愿订立合同的权利，任何单位和个人不得非法干预。

第五条　当事人应当遵循公平原则确定各方的权利和义务。

第六条　当事人行使权利、履行义务应当遵循诚实信用原则。

第七条　当事人订立、履行合同，应当遵守法律、行政法规，尊重社会公德，不得扰乱社会经济秩序，损害社会公共利益。

第八条 依法成立的合同，对当事人具有法律约束力。当事人应当按照约定履行自己的义务，不得擅自变更或者解除合同。

依法成立的合同，受法律保护。

第二章 合同的订立

第九条 当事人订立合同，应当具有相应的民事权利能力和民事行为能力。

当事人依法可以委托代理人订立合同。

第十条 当事人订立合同，有书面形式、口头形式和其他形式。

法律、行政法规规定采用书面形式的，应当采用书面形式。当事人约定采用书面形式的，应当采用书面形式。

第十一条 书面形式是指合同书、信件和数据电文（包括电报、电传、传真、电子数据交换和电子邮件）等可以有形地表现所载内容的形式。

第十二条 合同的内容由当事人约定，一般包括以下条款：

（一）当事人的名称或者姓名和住所；

（二）标的；

（三）数量；

（四）质量；

（五）价款或者报酬；

（六）履行期限、地点和方式；

（七）违约责任；

（八）解决争议的方法。

当事人可以参照各类合同的示范文本订立合同。

第十三条 当事人订立合同，采取要约、承诺方式。

第十四条 要约是希望和他人订立合同的意思表示，该意思表示应当符合下列规定：

（一）内容具体确定；

（二）表明经受要约人承诺，要约人即受该意思表示约束。

第十五条 要约邀请是希望他人向自己发出要约的意思表示。寄送的价目表、拍卖公告、招标公告、招股说明书、商业广告等为要约邀请。

商业广告的内容符合要约规定的，视为要约。

第十六条 要约到达受要约人时生效。

采用数据电文形式订立合同，收件人指定特定系统接收数据电文的，该数据电文进入该特定系统的时间，视为到达时间；未指定特定系统的，该数据电文进入收件人的任何系统的首次时间，视为到达时间。

第十七条 要约可以撤回。撤回要约的通知应当在要约到达受要约人之前或者与要约同时到达受要约人。

第十八条 要约可以撤销。撤销要约的通知应当在受要约人发出承诺通知之前到达受要约人。

第十九条 有下列情形之一的，要约不得撤销：

（一）要约人确定了承诺期限或者以其他形式明示要约不可撤销；

（二）受要约人有理由认为要约是不可撤销的，并已经为履行合同作了准备工作。

第二十条 有下列情形之一的，要约失效：

（一）拒绝要约的通知到达要约人；

（二）要约人依法撤销要约；

（三）承诺期限届满，受要约人未作出承诺；

（四）受要约人对要约的内容作出实质性变更。

第二十一条 承诺是受要约人同意要约的意思表示。

第二十二条 承诺应当以通知的方式作出，但根据交易习惯或者要约表明可以通过行为作出承诺的除外。

第二十三条 承诺应当在要约确定的期限内到达要约人。

要约没有确定承诺期限的，承诺应当依照下列规定到达：

（一）要约以对话方式作出的，应当即时作出承诺，但当事人另有约定的除外；

（二）要约以非对话方式作出的，承诺应当在合理期限内到达。

第二十四条 要约以信件或者电报作出的，承诺期限自信件载明的日期或者电报交发之日开始计算。信件未载明日期的，自投寄该信件的邮戳日期开始计算。要约以电话、传真等快速通讯方式作出的，承诺期限自要约到达受要约人时开始计算。

第二十五条 承诺生效时合同成立。

第二十六条 承诺通知到达要约人时生效。承诺不需要通知的，根据交易习惯或者要约的要求作出承诺的行为时生效。

采用数据电文形式订立合同的，承诺到达的时间适用本法第十六条第二款的规定。

第二十七条 承诺可以撤回。撤回承诺的通知应当在承诺通知到达要约人之前或者与承诺通知同时到达要约人。

第二十八条 受要约人超过承诺期限发出承诺的，除要约人及时通知受要约人该承诺有效的以外，为新要约。

第二十九条 受要约人在承诺期限内发出承诺，按照通常情形能够及时到达要约人，但因其他原因承诺到达要约人时超过承诺期限的，除要约人及时通知受要约人因承诺超过期限不接受该承诺的以外，该承诺有效。

第三十条 承诺的内容应当与要约的内容一致。受要约人对要约的内容作出实质性变更的，为新要约。有关合同标的、数量、质量、价款或者报酬、履行期限、履行地点和方式、违约责任和解决争议方法等的变更，是对要约内容的实质性变更。

第三十一条 承诺对要约的内容作出非实质性变更的，除要约人及时表示反对或者要约表明承诺不得对要约的内容作出任何变更的以外，该承诺有效，合同的内容以承诺的内容为准。

第三十二条 当事人采用合同书形式订立合同的，自双方当事人签字或者盖章时合同成立。

第三十三条 当事人采用信件、数据电文等形式订立合同的，可以在合同成立之前要求签订确认书。签订确认书时合同成立。

第三十四条 承诺生效的地点为合同成立的地点。

采用数据电文形式订立合同的，收件人的主营业地为合同成立的地点；没有主营业地的，其经常居住地为合同成立的地点。当事人另有约定的，按照其约定。

第三十五条 当事人采用合同书形式订立合同的，双方当事人签字或者盖章的地点为合同成立的地点。

第三十六条 法律、行政法规规定或者当事人约定采用书面形式订立合同，当事人未采用书面形式但一方已经履行主要义务，对方接受的，该合同成立。

第三十七条 采用合同书形式订立合同，在签字或者盖章之前，当事人一方已经履行主要义务，对方接受的，该合同成立。

第三十八条 国家根据需要下达指令性任务或者国家订货任务的，有关法人、其他组织之间应当依照有关法律、行政法规规定的权利和义务订立合同。

第三十九条 采用格式条款订立合同的，提供格式条款的一方应当遵循公平原则确定当事人之间的权利和义务，并采取合理的方式提请对方注意免除或者限制其责任的条款，按照对方的要求，对该条款予以说明。

格式条款是当事人为了重复使用而预先拟定，并在订立合同时未与对方协商的条款。

第四十条 格式条款具有本法第五十二条和第五十三条规定情形的，或者提供格式条款一方免除其责任、加重对方责任、排除对方主要权利的，该条款无效。

第四十一条 对格式条款的理解发生争议的，应当按照通常理解予以解释。对格式条款有两种以上解释的，应当作出不利于提供格式条款一方的解释。格式条款和非格式条款不一致的，应当采用非格式条款。

第四十二条 当事人在订立合同过程中有下列情形之一，给对方造成损失的，应当承担损害赔偿责任：

（一）假借订立合同，恶意进行磋商；

（二）故意隐瞒与订立合同有关的重要事实或者提供虚假情况；

（三）有其他违背诚实信用原则的行为。

第四十三条 当事人在订立合同过程中知悉的商业秘密，无论合同是否成立，不得泄露或者不正当地使用。泄露或者不正当地使用该商业秘密给对方造成损失的，应当承担损害赔偿责任。

第三章 合同的效力

第四十四条 依法成立的合同，自成立时生效。

法律、行政法规规定应当办理批准、登记等手续生效的，依照其规定。

第四十五条 当事人对合同的效力可以约定附条件。附生效条件的合同，自条件成就时生效。附解除条件的合同，自条件成就时失效。

当事人为自己的利益不正当地阻止条件成就的，视为条件已成就；不正当地促成条件成就的，视为条件不成就。

第四十六条 当事人对合同的效力可以约定附期限。附生效期限的合同，自期限届至时生效。附终止期限的合同，自期限届满时失效。

第四十七条 限制民事行为能力人订立的合同，经法定代理人追认后，该合同有效，但纯获利益的合同或者与其年龄、智力、精神健康状况相适应而订立的合同，不必经法定代理人追认。

相对人可以催告法定代理人在一个月内予以追认。法定代理人未作表示的，视为拒绝追认。合同被追认之前，善意相对人有撤销的权利。撤销应当以通知的方式作出。

第四十八条 行为人没有代理权、超越代理权或者代理权终止后以被代理人名义订立的合同，未经被代理人追认，对被代理人不发生效力，由行为人承担责任。

相对人可以催告被代理人在一个月内予以追认。被代理人未作表示的，视为拒绝追认。合同被追认之前，善意相对人有撤销的权利。撤销应当以通知的方式作出。

第四十九条 行为人没有代理权、超越代理权或者代理权终止后以被代理人名义订立合同，相对人有理由相信行为人有代理权的，该代理行为有效。

第五十条 法人或者其他组织的法定代表人、负责人超越权限订立的合同，除相对人知道或者应当知道其超越权限的以外，该代表行为有效。

第五十一条 无处分权的人处分他人财产，经权利人追认或者无处分权的人订立合同后取得处分权的，该合同有效。

第五十二条 有下列情形之一的，合同无效：

（一）一方以欺诈、胁迫的手段订立合同，损害国家利益；

（二）恶意串通，损害国家、集体或者第三人利益；

（三）以合法形式掩盖非法目的；

（四）损害社会公共利益；

（五）违反法律、行政法规的强制性规定。

第五十三条 合同中的下列免责条款无效：

（一）造成对方人身伤害的；

（二）因故意或者重大过失造成对方财产损失的。

第五十四条 下列合同，当事人一方有权请求人民法院或者仲裁机构变更或者撤销：

（一）因重大误解订立的；

（二）在订立合同时显失公平的。

一方以欺诈、胁迫的手段或者乘人之危，使对方在违背真实意思的情况下订立的合同，受损害方有权请求人民法院或者仲裁机构变更或者撤销。

当事人请求变更的，人民法院或者仲裁机构不得撤销。

第五十五条 有下列情形之一的，撤销权消灭：

（一）具有撤销权的当事人自知道或者应当知道撤销事由之日起一年内没有行使撤销权；

（二）具有撤销权的当事人知道撤销事由后明确表示或者以自己的行为放弃撤销权。

第五十六条 无效的合同或者被撤销的合同自始没有法律约束力。合同部分无效，不影响其他部分效力的，其他部分仍然有效。

第五十七条 合同无效、被撤销或者终止的，不影响合同中独立存在的有关解决争议方法的条款的效力。

第五十八条 合同无效或者被撤销后，因该合同取得的财产，应当予以返还；不能返还或者没有必要返还的，应当折价补偿。有过错的一方应当赔偿对方因此所受到的损失，双方都有过错的，应当各自承担相应的责任。

第五十九条 当事人恶意串通，损害国家、集体或者第三人利益的，因此取得的财产收归国家所有或者返还集体、第三人。

第四章 合同的履行

第六十条 当事人应当按照约定全面履行自己的义务。

当事人应当遵循诚实信用原则，根据合同的性质、目的和交易习惯履行通知、协助、保密等义务。

第六十一条 合同生效后，当事人就质量、价款或者报酬、履行地点等内容没有约定或者约定不明确的，可以协议补充；不能达成补充协议的，按照合同有关条款或者交易习惯确定。

第六十二条 当事人就有关合同内容约定不明确，依照本法第六十一条的规定仍不能确定的，适用下列规定：

（一）质量要求不明确的，按照国家标准、行业标准履行；没有国家标准、行业标准的，按照通常标准或者符合合同目的的特定标准履行。

（二）价款或者报酬不明确的，按照订立合同时履行地的市场价格履行；依法应当执行政府定价或者政府指导价的，按照规定履行。

（三）履行地点不明确，给付货币的，在接受货币一方所在地履行；交付不动产的，在不动产所在地履行；其他标的，在履行义务一方所在地履行。

（四）履行期限不明确的，债务人可以随时履行，债权人也可以随时要求履行，但应当给对方必要的准备时间。

（五）履行方式不明确的，按照有利于实现合同目的的方式履行。

（六）履行费用的负担不明确的，由履行义务一方负担。

第六十三条 执行政府定价或者政府指导价的，在合同约定的交付期限内政府价格调整时，按照交付时的价格计价。逾期交付标的物的，遇价格上涨时，按照原价格执行；价格下降时，按照新价格执行。逾期提取标的物或者逾期付款的，遇价格上涨时，按照新价格执行；价格下降时，按照原价格执行。

第六十四条 当事人约定由债务人向第三人履行债务的，债务人未向第三人履行债务或者履行债务不符合约定，应当向债权人承担违约责任。

第六十五条 当事人约定由第三人向债权人履行债务的，第三人不履行债务或者履行债务不符合约定，债务人应当向债权人承担违约责任。

第六十六条 当事人互负债务，没有先后履行顺序的，应当同时履行。一方在对方履行之前有权拒绝其履行要求。一方在对方履行债务不符合约定时，有权拒绝其相应的履行要求。

第六十七条 当事人互负债务，有先后履行顺序，先履行一方未履行的，后履行一方有权拒绝其履行要求。先履行一方履行债务不符合约定的，后履行一方有权拒绝其相应的履行要求。

第六十八条 应当先履行债务的当事人，有确切证据证明对方有下列情形之一的，可以中止履行：

（一）经营状况严重恶化；

（二）转移财产、抽逃资金，以逃避债务；

（三）丧失商业信誉；

（四）有丧失或者可能丧失履行债务能力的其他情形。

当事人没有确切证据中止履行的，应当承担违约责任。

第六十九条 当事人依照本法第六十八条的规定中止履行的，应当及时通知对方。对方提供适当担保时，应当恢复履行。

中止履行后，对方在合理期限内未恢复履行能力并且未提供适当担保的，中止履行的一方可以解除合同。

第七十条 债权人分立、合并或者变更住所没有通知债务人，致使履行债务发生困难的，债务人可以中止履行或者将标的物提存。

第七十一条 债权人可以拒绝债务人提前履行债务，但提前履行不损害债权人利益的除外。

债务人提前履行债务给债权人增加的费用，由债务人负担。

第七十二条 债权人可以拒绝债务人部分履行债务，但部分履行不损害债权人利益的除外。

债务人部分履行债务给债权人增加的费用，由债务人负担。

第七十三条 因债务人怠于行使其到期债权，对债权人造成损害的，债权人可以向人民法院请求以自己的名义代位行使债务人的债权，但该债权专属于债务人自身的除外。

代位权的行使范围以债权人的债权为限。债权人行使代位权的必要费用，由债务人负担。

第七十四条 因债务人放弃其到期债权或者无偿转让财产，对债权人造成损害的，债权人可以请求人民法院撤销债务人的行为。债务人以明显不合理的低价转让财产，对债权人造成损害，并且受让人知道该情形的，债权人也可以请求人民法院撤销债务人的行为。

撤销权的行使范围以债权人的债权为限。债权人行使撤销权的必要费用，由债务人负担。

第七十五条 撤销权自债权人知道或者应当知道撤销事由之日起一年内行使。自债务人的行为发生之日起五年内没有行使撤销权的，该撤销权消灭。

第七十六条 合同生效后，当事人不得因姓名、名称的变更或者法定代表人、负责人、承办人的变动而不履行合同义务。

第五章　合同的变更和转让

第七十七条　当事人协商一致，可以变更合同。

法律、行政法规规定变更合同应当办理批准、登记等手续的，依照其规定。

第七十八条　当事人对合同变更的内容约定不明确的，推定为未变更。

第七十九条　债权人可以将合同的权利全部或者部分转让给第三人，但有下列情形之一的除外：

（一）根据合同性质不得转让；

（二）按照当事人约定不得转让；

（三）依照法律规定不得转让。

第八十条　债权人转让权利的，应当通知债务人。未经通知，该转让对债务人不发生效力。

债权人转让权利的通知不得撤销，但经受让人同意的除外。

第八十一条　债权人转让权利的，受让人取得与债权有关的从权利，但该从权利专属于债权人自身的除外。

第八十二条　债务人接到债权转让通知后，债务人对让与人的抗辩，可以向受让人主张。

第八十三条　债务人接到债权转让通知时，债务人对让与人享有债权，并且债务人的债权先于转让的债权到期或者同时到期的，债务人可以向受让人主张抵销。

第八十四条　债务人将合同的义务全部或者部分转移给第三人的，应当经债权人同意。

第八十五条　债务人转移义务的，新债务人可以主张原债务人对债权人的抗辩。

第八十六条　债务人转移义务的，新债务人应当承担与主债务有关的从债务，但该从债务专属于原债务人自身的除外。

第八十七条 法律、行政法规规定转让权利或者转移义务应当办理批准、登记等手续的，依照其规定。

第八十八条 当事人一方经对方同意，可以将自己在合同中的权利和义务一并转让给第三人。

第八十九条 权利和义务一并转让的，适用本法第七十九条、第八十一条至第八十三条、第八十五条至第八十七条的规定。

第九十条 当事人订立合同后合并的，由合并后的法人或者其他组织行使合同权利，履行合同义务。当事人订立合同后分立的，除债权人和债务人另有约定的以外，由分立的法人或者其他组织对合同的权利和义务享有连带债权，承担连带债务。

第六章 合同的权利义务终止

第九十一条 有下列情形之一的，合同的权利义务终止：

（一）债务已经按照约定履行；

（二）合同解除；

（三）债务相互抵销；

（四）债务人依法将标的物提存；

（五）债权人免除债务；

（六）债权债务同归于一人；

（七）法律规定或者当事人约定终止的其他情形。

第九十二条 合同的权利义务终止后，当事人应当遵循诚实信用原则，根据交易习惯履行通知、协助、保密等义务。

第九十三条 当事人协商一致，可以解除合同。

当事人可以约定一方解除合同的条件。解除合同的条件成就时，解除权人可以解除合同。

第九十四条 有下列情形之一的，当事人可以解除合同：

（一）因不可抗力致使不能实现合同目的；

（二）在履行期限届满之前，当事人一方明确表示或者以自己的行为表明不履行主要债务；

（三）当事人一方迟延履行主要债务，经催告后在合理期限内仍未履行；

（四）当事人一方迟延履行债务或者有其他违约行为致使不能实现合同目的；

（五）法律规定的其他情形。

第九十五条 法律规定或者当事人约定解除权行使期限，期限届满当事人不行使的，该权利消灭。

法律没有规定或者当事人没有约定解除权行使期限，经对方催告后在合理期限内不行使的，该权利消灭。

第九十六条 当事人一方依照本法第九十三条第二款、第九十四条的规定主张解除合同的，应当通知对方。合同自通知到达对方时解除。对方有异议的，可以请求人民法院或者仲裁机构确认解除合同的效力。

法律、行政法规规定解除合同应当办理批准、登记等手续的，依照其规定。

第九十七条 合同解除后，尚未履行的，终止履行；已经履行的，根据履行情况和合同性质，当事人可以要求恢复原状、采取其他补救措施，并有权要求赔偿损失。

第九十八条 合同的权利义务终止，不影响合同中结算和清理条款的效力。

第九十九条 当事人互负到期债务，该债务的标的物种类、品质相同的，任何一方可以将自己的债务与对方的债务抵销，但依照法律规定或者按照合同性质不得抵销的除外。

当事人主张抵销的，应当通知对方。通知自到达对方时生效。抵销不得附条件或者附期限。

第一百条 当事人互负债务，标的物种类、品质不相同的，经双方协商一致，也可以抵销。

第一百零一条 有下列情形之一，难以履行债务的，债务人可以将标的物提存：

（一）债权人无正当理由拒绝受领；

（二）债权人下落不明；

（三）债权人死亡未确定继承人或者丧失民事行为能力未确定监护人；

（四）法律规定的其他情形。

标的物不适于提存或者提存费用过高的，债务人依法可以拍卖或者变卖标的物，提存所得的价款。

第一百零二条 标的物提存后，除债权人下落不明的以外，债务人应当及时通知债权人或者债权人的继承人、监护人。

第一百零三条 标的物提存后，毁损、灭失的风险由债权人承担。提存期间，标的物的孳息归债权人所有。提存费用由债权人负担。

第一百零四条 债权人可以随时领取提存物，但债权人对债务人负有到期债务的，在债权人未履行债务或者提供担保之前，提存部门根据债务人的要求应当拒绝其领取提存物。

债权人领取提存物的权利，自提存之日起五年内不行使而消灭，提存物扣除提存费用后归国家所有。

第一百零五条 债权人免除债务人部分或者全部债务的，合同的权利义务部分或者全部终止。

第一百零六条 债权和债务同归于一人的，合同的权利义务终止，但涉及第三人利益的除外。

第七章 违约责任

第一百零七条 当事人一方不履行合同义务或者履行合同义

务不符合约定的，应当承担继续履行、采取补救措施或者赔偿损失等违约责任。

第一百零八条　当事人一方明确表示或者以自己的行为表明不履行合同义务的，对方可以在履行期限届满之前要求其承担违约责任。

第一百零九条　当事人一方未支付价款或者报酬的，对方可以要求其支付价款或者报酬。

第一百一十条　当事人一方不履行非金钱债务或者履行非金钱债务不符合约定的，对方可以要求履行，但有下列情形之一的除外：

（一）法律上或者事实上不能履行；

（二）债务的标的不适于强制履行或者履行费用过高；

（三）债权人在合理期限内未要求履行。

第一百一十一条　质量不符合约定的，应当按照当事人的约定承担违约责任。对违约责任没有约定或者约定不明确，依照本法第六十一条的规定仍不能确定的，受损害方根据标的的性质以及损失的大小，可以合理选择要求对方承担修理、更换、重作、退货、减少价款或者报酬等违约责任。

第一百一十二条　当事人一方不履行合同义务或者履行合同义务不符合约定的，在履行义务或者采取补救措施后，对方还有其他损失的，应当赔偿损失。

第一百一十三条　当事人一方不履行合同义务或者履行合同义务不符合约定，给对方造成损失的，损失赔偿额应当相当于因违约所造成的损失，包括合同履行后可以获得的利益，但不得超过违反合同一方订立合同时预见到或者应当预见到的因违反合同可能造成的损失。

经营者对消费者提供商品或者服务有欺诈行为的，依照《中华人民共和国消费者权益保护法》的规定承担损害赔偿责任。

第一百一十四条 当事人可以约定一方违约时应当根据违约情况向对方支付一定数额的违约金，也可以约定因违约产生的损失赔偿额的计算方法。

约定的违约金低于造成的损失的，当事人可以请求人民法院或者仲裁机构予以增加；约定的违约金过分高于造成的损失的，当事人可以请求人民法院或者仲裁机构予以适当减少。

当事人就迟延履行约定违约金的，违约方支付违约金后，还应当履行债务。

第一百一十五条 当事人可以依照《中华人民共和国担保法》约定一方向对方给付定金作为债权的担保。债务人履行债务后，定金应当抵作价款或者收回。给付定金的一方不履行约定的债务的，无权要求返还定金；收受定金的一方不履行约定的债务的，应当双倍返还定金。

第一百一十六条 当事人既约定违约金，又约定定金的，一方违约时，对方可以选择适用违约金或者定金条款。

第一百一十七条 因不可抗力不能履行合同的，根据不可抗力的影响，部分或者全部免除责任，但法律另有规定的除外。当事人迟延履行后发生不可抗力的，不能免除责任。

本法所称不可抗力，是指不能预见、不能避免并不能克服的客观情况。

第一百一十八条 当事人一方因不可抗力不能履行合同的，应当及时通知对方，以减轻可能给对方造成的损失，并应当在合理期限内提供证明。

第一百一十九条 当事人一方违约后，对方应当采取适当措施防止损失的扩大；没有采取适当措施致使损失扩大的，不得就扩大的损失要求赔偿。

当事人因防止损失扩大而支出的合理费用，由违约方承担。

第一百二十条　当事人双方都违反合同的，应当各自承担相应的责任。

第一百二十一条　当事人一方因第三人的原因造成违约的，应当向对方承担违约责任。当事人一方和第三人之间的纠纷，依照法律规定或者按照约定解决。

第一百二十二条　因当事人一方的违约行为，侵害对方人身、财产权益的，受损害方有权选择依照本法要求其承担违约责任或者依照其他法律要求其承担侵权责任。

第八章　其他规定

第一百二十三条　其他法律对合同另有规定的，依照其规定。

第一百二十四条　本法分则或者其他法律没有明文规定的合同，适用本法总则的规定，并可以参照本法分则或者其他法律最相类似的规定。

第一百二十五条　当事人对合同条款的理解有争议的，应当按照合同所使用的词句、合同的有关条款、合同的目的、交易习惯以及诚实信用原则，确定该条款的真实意思。

合同文本采用两种以上文字订立并约定具有同等效力的，对各文本使用的词句推定具有相同含义。各文本使用的词句不一致的，应当根据合同的目的予以解释。

第一百二十六条　涉外合同的当事人可以选择处理合同争议所适用的法律，但法律另有规定的除外。涉外合同的当事人没有选择的，适用与合同有最密切联系的国家的法律。

在中华人民共和国境内履行的中外合资经营企业合同、中外合作经营企业合同、中外合作勘探开发自然资源合同，适用中华人民共和国法律。

第一百二十七条 工商行政管理部门和其他有关行政主管部门在各自的职权范围内，依照法律、行政法规的规定，对利用合同危害国家利益、社会公共利益的违法行为，负责监督处理；构成犯罪的，依法追究刑事责任。

第一百二十八条 当事人可以通过和解或者调解解决合同争议。

当事人不愿和解、调解或者和解、调解不成的，可以根据仲裁协议向仲裁机构申请仲裁。涉外合同的当事人可以根据仲裁协议向中国仲裁机构或者其他仲裁机构申请仲裁。当事人没有订立仲裁协议或者仲裁协议无效的，可以向人民法院起诉。当事人应当履行发生法律效力的判决、仲裁裁决、调解书；拒不履行的，对方可以请求人民法院执行。

第一百二十九条 因国际货物买卖合同和技术进出口合同争议提起诉讼或者申请仲裁的期限为四年，自当事人知道或者应当知道其权利受到侵害之日起计算。因其他合同争议提起诉讼或者申请仲裁的期限，依照有关法律的规定。

分 则

第九章 买卖合同

第一百三十条 买卖合同是出卖人转移标的物的所有权于买受人，买受人支付价款的合同。

第一百三十一条 买卖合同的内容除依照本法第十二条的规定以外，还可以包括包装方式、检验标准和方法、结算方式、合同使用的文字及其效力等条款。

第一百三十二条 出卖的标的物，应当属于出卖人所有或者出卖人有权处分。

法律、行政法规禁止或者限制转让的标的物，依照其规定。

第一百三十三条 标的物的所有权自标的物交付时起转移，但法律另有规定或者当事人另有约定的除外。

第一百三十四条 当事人可以在买卖合同中约定买受人未履行支付价款或者其他义务的，标的物的所有权属于出卖人。

第一百三十五条 出卖人应当履行向买受人交付标的物或者交付提取标的物的单证，并转移标的物所有权的义务。

第一百三十六条 出卖人应当按照约定或者交易习惯向买受人交付提取标的物单证以外的有关单证和资料。

第一百三十七条 出卖具有知识产权的计算机软件等标的物的，除法律另有规定或者当事人另有约定的以外，该标的物的知识产权不属于买受人。

第一百三十八条 出卖人应当按照约定的期限交付标的物。约定交付期间的，出卖人可以在该交付期间内的任何时间交付。

第一百三十九条 当事人没有约定标的物的交付期限或者约定不明确的，适用本法第六十一条、第六十二条第四项的规定。

第一百四十条 标的物在订立合同之前已为买受人占有的，合同生效的时间为交付时间。

第一百四十一条 出卖人应当按照约定的地点交付标的物。

当事人没有约定交付地点或者约定不明确，依照本法第六十一条的规定仍不能确定的，适用下列规定：

（一）标的物需要运输的，出卖人应当将标的物交付给第一承运人以运交给买受人；

（二）标的物不需要运输，出卖人和买受人订立合同时知道标的物在某一地点的，出卖人应当在该地点交付标的物；不知道标的物在某一地点的，应当在出卖人订立合同时的营业地交付标的物。

第一百四十二条 标的物毁损、灭失的风险，在标的物交付之前由出卖人承担，交付之后由买受人承担，但法律另有规定或者当事人另有约定的除外。

第一百四十三条 因买受人的原因致使标的物不能按照约定的期限交付的，买受人应当自违反约定之日起承担标的物毁损、灭失的风险。

第一百四十四条 出卖人出卖交由承运人运输的在途标的物，除当事人另有约定的以外，毁损、灭失的风险自合同成立时起由买受人承担。

第一百四十五条 当事人没有约定交付地点或者约定不明确，依照本法第一百四十一条第二款第一项的规定标的物需要运输的，出卖人将标的物交付给第一承运人后，标的物毁损、灭失的风险由买受人承担。

第一百四十六条 出卖人按照约定或者依照本法第一百四十一条第二款第二项的规定将标的物置于交付地点，买受人违反约定没有收取的，标的物毁损、灭失的风险自违反约定之日起由买受人承担。

第一百四十七条 出卖人按照约定未交付有关标的物的单证和资料的，不影响标的物毁损、灭失风险的转移。

第一百四十八条 因标的物质量不符合质量要求，致使不能实现合同目的的，买受人可以拒绝接受标的物或者解除合同。买受人拒绝接受标的物或者解除合同的，标的物毁损、灭失的风险由出卖人承担。

第一百四十九条 标的物毁损、灭失的风险由买受人承担的，不影响因出卖人履行债务不符合约定，买受人要求其承担违约责任的权利。

第一百五十条 出卖人就交付的标的物，负有保证第三人不得向买受人主张任何权利的义务，但法律另有规定的除外。

第一百五十一条　买受人订立合同时知道或者应当知道第三人对买卖的标的物享有权利的，出卖人不承担本法第一百五十条规定的义务。

第一百五十二条　买受人有确切证据证明第三人可能就标的物主张权利的，可以中止支付相应的价款，但出卖人提供适当担保的除外。

第一百五十三条　出卖人应当按照约定的质量要求交付标的物。出卖人提供有关标的物质量说明的，交付的标的物应当符合该说明的质量要求。

第一百五十四条　当事人对标的物的质量要求没有约定或者约定不明确，依照本法第六十一条的规定仍不能确定的，适用本法第六十二条第一项的规定。

第一百五十五条　出卖人交付的标的物不符合质量要求的，买受人可以依照本法第一百一十一条的规定要求承担违约责任。

第一百五十六条　出卖人应当按照约定的包装方式交付标的物。对包装方式没有约定或者约定不明确，依照本法第六十一条的规定仍不能确定的，应当按照通用的方式包装，没有通用方式的，应当采取足以保护标的物的包装方式。

第一百五十七条　买受人收到标的物时应当在约定的检验期间内检验。没有约定检验期间的，应当及时检验。

第一百五十八条　当事人约定检验期间的，买受人应当在检验期间内将标的物的数量或者质量不符合约定的情形通知出卖人。买受人怠于通知的，视为标的物的数量或者质量符合约定。

当事人没有约定检验期间的，买受人应当在发现或者应当发现标的物的数量或者质量不符合约定的合理期间内通知出卖人。买受人在合理期间内未通知或者自标的物收到之日起两年内未通知出卖人的，视为标的物的数量或者质量符合约定，但对标的物有质量保证期的，适用质量保证期，不适用该两年的规定。

出卖人知道或者应当知道提供的标的物不符合约定的，买受人不受前两款规定的通知时间的限制。

第一百五十九条 买受人应当按照约定的数额支付价款。对价款没有约定或者约定不明确的，适用本法第六十一条、第六十二条第二项的规定。

第一百六十条 买受人应当按照约定的地点支付价款。对支付地点没有约定或者约定不明确，依照本法第六十一条的规定仍不能确定的，买受人应当在出卖人的营业地支付，但约定支付价款以交付标的物或者交付提取标的物单证为条件的，在交付标的物或者交付提取标的物单证的所在地支付。

第一百六十一条 买受人应当按照约定的时间支付价款。对支付时间没有约定或者约定不明确，依照本法第六十一条的规定仍不能确定的，买受人应当在收到标的物或者提取标的物单证的同时支付。

第一百六十二条 出卖人多交标的物的，买受人可以接收或者拒绝接收多交的部分。买受人接收多交部分的，按照合同的价格支付价款；买受人拒绝接收多交部分的，应当及时通知出卖人。

第一百六十三条 标的物在交付之前产生的孳息，归出卖人所有，交付之后产生的孳息，归买受人所有。

第一百六十四条 因标的物的主物不符合约定而解除合同的，解除合同的效力及于从物。因标的物的从物不符合约定被解除的，解除的效力不及于主物。

第一百六十五条 标的物为数物，其中一物不符合约定的，买受人可以就该物解除，但该物与他物分离使标的物的价值显受损害的，当事人可以就数物解除合同。

第一百六十六条　出卖人分批交付标的物的，出卖人对其中一批标的物不交付或者交付不符合约定，致使该批标的物不能实现合同目的的，买受人可以就该批标的物解除。

出卖人不交付其中一批标的物或者交付不符合约定，致使今后其他各批标的物的交付不能实现合同目的的，买受人可以就该批以及今后其他各批标的物解除。

买受人如果就其中一批标的物解除，该批标的物与其他各批标的物相互依存的，可以就已经交付和未交付的各批标的物解除。

第一百六十七条　分期付款的买受人未支付到期价款的金额达到全部价款的五分之一的，出卖人可以要求买受人支付全部价款或者解除合同。

出卖人解除合同的，可以向买受人要求支付该标的物的使用费。

第一百六十八条　凭样品买卖的当事人应当封存样品，并可以对样品质量予以说明。出卖人交付的标的物应当与样品及其说明的质量相同。

第一百六十九条　凭样品买卖的买受人不知道样品有隐蔽瑕疵的，即使交付的标的物与样品相同，出卖人交付的标的物的质量仍然应当符合同种物的通常标准。

第一百七十条　试用买卖的当事人可以约定标的物的试用期间。对试用期间没有约定或者约定不明确，依照本法第六十一条的规定仍不能确定的，由出卖人确定。

第一百七十一条　试用买卖的买受人在试用期内可以购买标的物，也可以拒绝购买。试用期间届满，买受人对是否购买标的物未作表示的，视为购买。

第一百七十二条　招标投标买卖的当事人的权利和义务以及

招标投标程序等，依照有关法律、行政法规的规定。

第一百七十三条 拍卖的当事人的权利和义务以及拍卖程序等，依照有关法律、行政法规的规定。

第一百七十四条 法律对其他有偿合同有规定的，依照其规定；没有规定的，参照买卖合同的有关规定。

第一百七十五条 当事人约定易货交易，转移标的物的所有权的，参照买卖合同的有关规定。

第十章 供用电、水、气、热力合同

第一百七十六条 供用电合同是供电人向用电人供电，用电人支付电费的合同。

第一百七十七条 供用电合同的内容包括供电的方式、质量、时间，用电容量、地址、性质，计量方式，电价、电费的结算方式，供用电设施的维护责任等条款。

第一百七十八条 供用电合同的履行地点，按照当事人约定；当事人没有约定或者约定不明确的，供电设施的产权分界处为履行地点。

第一百七十九条 供电人应当按照国家规定的供电质量标准和约定安全供电。供电人未按照国家规定的供电质量标准和约定安全供电，造成用电人损失的，应当承担损害赔偿责任。

第一百八十条 供电人因供电设施计划检修、临时检修、依法限电或者用电人违法用电等原因，需要中断供电时，应当按照国家有关规定事先通知用电人。未事先通知用电人中断供电，造成用电人损失的，应当承担损害赔偿责任。

第一百八十一条 因自然灾害等原因断电，供电人应当按照国家有关规定及时抢修。未及时抢修，造成用电人损失的，应当承担损害赔偿责任。

第一百八十二条 用电人应当按照国家有关规定和当事人的

约定及时交付电费。用电人逾期不交付电费的，应当按照约定支付违约金。经催告用电人在合理期限内仍不交付电费和违约金的，供电人可以按照国家规定的程序中止供电。

第一百八十三条 用电人应当按照国家有关规定和当事人的约定安全用电。用电人未按照国家有关规定和当事人的约定安全用电，造成供电人损失的，应当承担损害赔偿责任。

第一百八十四条 供用水、供用气、供用热力合同，参照供用电合同的有关规定。

第十一章 赠与合同

第一百八十五条 赠与合同是赠与人将自己的财产无偿给予受赠人，受赠人表示接受赠与的合同。

第一百八十六条 赠与人在赠与财产的权利转移之前可以撤销赠与。

具有救灾、扶贫等社会公益、道德义务性质的赠与合同或者经过公证的赠与合同，不适用前款规定。

第一百八十七条 赠与的财产依法需要办理登记等手续的，应当办理有关手续。

第一百八十八条 具有救灾、扶贫等社会公益、道德义务性质的赠与合同或者经过公证的赠与合同，赠与人不交付赠与的财产的，受赠人可以要求交付。

第一百八十九条 因赠与人故意或者重大过失致使赠与的财产毁损、灭失的，赠与人应当承担损害赔偿责任。

第一百九十条 赠与可以附义务。

赠与附义务的，受赠人应当按照约定履行义务。

第一百九十一条 赠与的财产有瑕疵的，赠与人不承担责任。附义务的赠与，赠与的财产有瑕疵的，赠与人在附义务的限度内承担与出卖人相同的责任。

赠与人故意不告知瑕疵或者保证无瑕疵，造成受赠人损失的，应当承担损害赔偿责任。

第一百九十二条 受赠人有下列情形之一的，赠与人可以撤销赠与：

（一）严重侵害赠与人或者赠与人的近亲属；

（二）对赠与人有扶养义务而不履行；

（三）不履行赠与合同约定的义务。

赠与人的撤销权，自知道或者应当知道撤销原因之日起一年内行使。

第一百九十三条 因受赠人的违法行为致使赠与人死亡或者丧失民事行为能力的，赠与人的继承人或者法定代理人可以撤销赠与。

赠与人的继承人或者法定代理人的撤销权，自知道或者应当知道撤销原因之日起六个月内行使。

第一百九十四条 撤销权人撤销赠与的，可以向受赠人要求返还赠与的财产。

第一百九十五条 赠与人的经济状况显著恶化，严重影响其生产经营或者家庭生活的，可以不再履行赠与义务。

第十二章 借款合同

第一百九十六条 借款合同是借款人向贷款人借款，到期返还借款并支付利息的合同。

第一百九十七条 借款合同采用书面形式，但自然人之间借款另有约定的除外。

借款合同的内容包括借款种类、币种、用途、数额、利率、期限和还款方式等条款。

第一百九十八条 订立借款合同，贷款人可以要求借款人提供担保。担保依照《中华人民共和国担保法》的规定。

第一百九十九条 订立借款合同，借款人应当按照贷款人的要求提供与借款有关的业务活动和财务状况的真实情况。

第二百条 借款的利息不得预先在本金中扣除。利息预先在本金中扣除的，应当按照实际借款数额返还借款并计算利息。

第二百零一条 贷款人未按照约定的日期、数额提供借款，造成借款人损失的，应当赔偿损失。

借款人未按照约定的日期、数额收取借款的，应当按照约定的日期、数额支付利息。

第二百零二条 贷款人按照约定可以检查、监督借款的使用情况。借款人应当按照约定向贷款人定期提供有关财务会计报表等资料。

第二百零三条 借款人未按照约定的借款用途使用借款的，贷款人可以停止发放借款、提前收回借款或者解除合同。

第二百零四条 办理贷款业务的金融机构贷款的利率，应当按照中国人民银行规定的贷款利率的上下限确定。

第二百零五条 借款人应当按照约定的期限支付利息。对支付利息的期限没有约定或者约定不明确，依照本法第六十一条的规定仍不能确定，借款期间不满一年的，应当在返还借款时一并支付；借款期间一年以上的，应当在每届满一年时支付，剩余期间不满一年的，应当在返还借款时一并支付。

第二百零六条 借款人应当按照约定的期限返还借款。对借款期限没有约定或者约定不明确，依照本法第六十一条的规定仍不能确定的，借款人可以随时返还；贷款人可以催告借款人在合理期限内返还。

第二百零七条 借款人未按照约定的期限返还借款的，应当按照约定或者国家有关规定支付逾期利息。

第二百零八条 借款人提前偿还借款的，除当事人另有约定的以外，应当按照实际借款的期间计算利息。

第二百零九条 借款人可以在还款期限届满之前向贷款人申请展期。贷款人同意的，可以展期。

第二百一十条 自然人之间的借款合同，自贷款人提供借款时生效。

第二百一十一条 自然人之间的借款合同对支付利息没有约定或者约定不明确的，视为不支付利息。

自然人之间的借款合同约定支付利息的，借款的利率不得违反国家有关限制借款利率的规定。

第十三章 租赁合同

第二百一十二条 租赁合同是出租人将租赁物交付承租人使用、收益，承租人支付租金的合同。

第二百一十三条 租赁合同的内容包括租赁物的名称、数量、用途、租赁期限、租金及其支付期限和方式、租赁物维修等条款。

第二百一十四条 租赁期限不得超过二十年。超过二十年的，超过部分无效。

租赁期间届满，当事人可以续订租赁合同，但约定的租赁期限自续订之日起不得超过二十年。

第二百一十五条 租赁期限六个月以上的，应当采用书面形式。当事人未采用书面形式的，视为不定期租赁。

第二百一十六条 出租人应当按照约定将租赁物交付承租人，并在租赁期间保持租赁物符合约定的用途。

第二百一十七条 承租人应当按照约定的方法使用租赁物。对租赁物的使用方法没有约定或者约定不明确，依照本法第六十一条的规定仍不能确定的，应当按照租赁物的性质使用。

第二百一十八条 承租人按照约定的方法或者租赁物的性质

使用租赁物，致使租赁物受到损耗的，不承担损害赔偿责任。

第二百一十九条 承租人未按照约定的方法或者租赁物的性质使用租赁物，致使租赁物受到损失的，出租人可以解除合同并要求赔偿损失。

第二百二十条 出租人应当履行租赁物的维修义务，但当事人另有约定的除外。

第二百二十一条 承租人在租赁物需要维修时可以要求出租人在合理期限内维修。出租人未履行维修义务的，承租人可以自行维修，维修费用由出租人负担。因维修租赁物影响承租人使用的，应当相应减少租金或者延长租期。

第二百二十二条 承租人应当妥善保管租赁物，因保管不善造成租赁物毁损、灭失的，应当承担损害赔偿责任。

第二百二十三条 承租人经出租人同意，可以对租赁物进行改善或者增设他物。

承租人未经出租人同意，对租赁物进行改善或者增设他物的，出租人可以要求承租人恢复原状或者赔偿损失。

第二百二十四条 承租人经出租人同意，可以将租赁物转租给第三人。承租人转租的，承租人与出租人之间的租赁合同继续有效，第三人对租赁物造成损失的，承租人应当赔偿损失。

承租人未经出租人同意转租的，出租人可以解除合同。

第二百二十五条 在租赁期间因占有、使用租赁物获得的收益，归承租人所有，但当事人另有约定的除外。

第二百二十六条 承租人应当按照约定的期限支付租金。对支付期限没有约定或者约定不明确，依照本法第六十一条的规定仍不能确定，租赁期间不满一年的，应当在租赁期间届满时支付；租赁期间一年以上的，应当在每届满一年时支付，剩余期间不满一年的，应当在租赁期间届满时支付。

第二百二十七条 承租人无正当理由未支付或者迟延支付租金的，出租人可以要求承租人在合理期限内支付。承租人逾期不支付的，出租人可以解除合同。

第二百二十八条 因第三人主张权利，致使承租人不能对租赁物使用、收益的，承租人可以要求减少租金或者不支付租金。

第三人主张权利的，承租人应当及时通知出租人。

第二百二十九条 租赁物在租赁期间发生所有权变动的，不影响租赁合同的效力。

第二百三十条 出租人出卖租赁房屋的，应当在出卖之前的合理期限内通知承租人，承租人享有以同等条件优先购买的权利。

第二百三十一条 因不可归责于承租人的事由，致使租赁物部分或者全部毁损、灭失的，承租人可以要求减少租金或者不支付租金；因租赁物部分或者全部毁损、灭失，致使不能实现合同目的的，承租人可以解除合同。

第二百三十二条 当事人对租赁期限没有约定或者约定不明确，依照本法第六十一条的规定仍不能确定的，视为不定期租赁。当事人可以随时解除合同，但出租人解除合同应当在合理期限之前通知承租人。

第二百三十三条 租赁物危及承租人的安全或者健康的，即使承租人订立合同时明知该租赁物质量不合格，承租人仍然可以随时解除合同。

第二百三十四条 承租人在房屋租赁期间死亡的，与其生前共同居住的人可以按照原租赁合同租赁该房屋。

第二百三十五条 租赁期间届满，承租人应当返还租赁物。返还的租赁物应当符合按照约定或者租赁物的性质使用后的状态。

第二百三十六条 租赁期间届满，承租人继续使用租赁物，出租人没有提出异议的，原租赁合同继续有效，但租赁期限为不定期。

第十四章 融资租赁合同

第二百三十七条 融资租赁合同是出租人根据承租人对出卖人、租赁物的选择，向出卖人购买租赁物，提供给承租人使用，承租人支付租金的合同。

第二百三十八条 融资租赁合同的内容包括租赁物名称、数量、规格、技术性能、检验方法、租赁期限、租金构成及其支付期限和方式、币种、租赁期间届满租赁物的归属等条款。

融资租赁合同应当采用书面形式。

第二百三十九条 出租人根据承租人对出卖人、租赁物的选择订立的买卖合同，出卖人应当按照约定向承租人交付标的物，承租人享有与受领标的物有关的买受人的权利。

第二百四十条 出租人、出卖人、承租人可以约定，出卖人不履行买卖合同义务的，由承租人行使索赔的权利。承租人行使索赔权利的，出租人应当协助。

第二百四十一条 出租人根据承租人对出卖人、租赁物的选择订立的买卖合同，未经承租人同意，出租人不得变更与承租人有关的合同内容。

第二百四十二条 出租人享有租赁物的所有权。承租人破产的，租赁物不属于破产财产。

第二百四十三条 融资租赁合同的租金，除当事人另有约定的以外，应当根据购买租赁物的大部分或者全部成本以及出租人的合理利润确定。

第二百四十四条 租赁物不符合约定或者不符合使用目的的，出租人不承担责任，但承租人依赖出租人的技能确定租赁物或者出租人干预选择租赁物的除外。

第二百四十五条 出租人应当保证承租人对租赁物的占有和使用。

第二百四十六条 承租人占有租赁物期间，租赁物造成第三人的人身伤害或者财产损害的，出租人不承担责任。

第二百四十七条 承租人应当妥善保管、使用租赁物。

承租人应当履行占有租赁物期间的维修义务。

第二百四十八条 承租人应当按照约定支付租金。承租人经催告后在合理期限内仍不支付租金的，出租人可以要求支付全部租金；也可以解除合同，收回租赁物。

第二百四十九条 当事人约定租赁期间届满租赁物归承租人所有，承租人已经支付大部分租金，但无力支付剩余租金，出租人因此解除合同收回租赁物的，收回的租赁物的价值超过承租人欠付的租金以及其他费用的，承租人可以要求部分返还。

第二百五十条 出租人和承租人可以约定租赁期间届满租赁物的归属。对租赁物的归属没有约定或者约定不明确，依照本法第六十一条的规定仍不能确定的，租赁物的所有权归出租人。

第十五章　承揽合同

第二百五十一条 承揽合同是承揽人按照定作人的要求完成工作，交付工作成果，定作人给付报酬的合同。

承揽包括加工、定作、修理、复制、测试、检验等工作。

第二百五十二条 承揽合同的内容包括承揽的标的、数量、质量、报酬、承揽方式、材料的提供、履行期限、验收标准和方法等条款。

第二百五十三条 承揽人应当以自己的设备、技术和劳力，完成主要工作，但当事人另有约定的除外。

承揽人将其承揽的主要工作交由第三人完成的，应当就该第三人完成的工作成果向定作人负责；未经定作人同意的，定作人也可以解除合同。

第二百五十四条 承揽人可以将其承揽的辅助工作交由第三人完成。承揽人将其承揽的辅助工作交由第三人完成的，应当就该第三人完成的工作成果向定作人负责。

第二百五十五条 承揽人提供材料的，承揽人应当按照约定选用材料，并接受定作人检验。

第二百五十六条 定作人提供材料的，定作人应当按照约定提供材料。承揽人对定作人提供的材料，应当及时检验，发现不符合约定时，应当及时通知定作人更换、补齐或者采取其他补救措施。

承揽人不得擅自更换定作人提供的材料，不得更换不需要修理的零部件。

第二百五十七条 承揽人发现定作人提供的图纸或者技术要求不合理的，应当及时通知定作人。因定作人怠于答复等原因造成承揽人损失的，应当赔偿损失。

第二百五十八条 定作人中途变更承揽工作的要求，造成承揽人损失的，应当赔偿损失。

第二百五十九条 承揽工作需要定作人协助的，定作人有协助的义务。定作人不履行协助义务致使承揽工作不能完成的，承揽人可以催告定作人在合理期限内履行义务，并可以顺延履行期限；定作人逾期不履行的，承揽人可以解除合同。

第二百六十条 承揽人在工作期间，应当接受定作人必要的监督检验。定作人不得因监督检验妨碍承揽人的正常工作。

第二百六十一条 承揽人完成工作的，应当向定作人交付工作成果，并提交必要的技术资料和有关质量证明。定作人应当验收该工作成果。

第二百六十二条 承揽人交付的工作成果不符合质量要求的，定作人可以要求承揽人承担修理、重作、减少报酬、赔偿损失等违约责任。

第二百六十三条 定作人应当按照约定的期限支付报酬。对支付报酬的期限没有约定或者约定不明确，依照本法第六十一条的规定仍不能确定的，定作人应当在承揽人交付工作成果时支付；工作成果部分交付的，定作人应当相应支付。

第二百六十四条 定作人未向承揽人支付报酬或者材料费等价款的，承揽人对完成的工作成果享有留置权，但当事人另有约定的除外。

第二百六十五条 承揽人应当妥善保管定作人提供的材料以及完成的工作成果，因保管不善造成毁损、灭失的，应当承担损害赔偿责任。

第二百六十六条 承揽人应当按照定作人的要求保守秘密，未经定作人许可，不得留存复制品或者技术资料。

第二百六十七条 共同承揽人对定作人承担连带责任，但当事人另有约定的除外。

第二百六十八条 定作人可以随时解除承揽合同，造成承揽人损失的，应当赔偿损失。

第十六章 建设工程合同

第二百六十九条 建设工程合同是承包人进行工程建设，发包人支付价款的合同。

建设工程合同包括工程勘察、设计、施工合同。

第二百七十条 建设工程合同应当采用书面形式。

第二百七十一条 建设工程的招标投标活动，应当依照有关法律的规定公开、公平、公正进行。

第二百七十二条 发包人可以与总承包人订立建设工程合

同，也可以分别与勘察人、设计人、施工人订立勘察、设计、施工承包合同。发包人不得将应当由一个承包人完成的建设工程肢解成若干部分发包给几个承包人。

总承包人或者勘察、设计、施工承包人经发包人同意，可以将自己承包的部分工作交由第三人完成。第三人就其完成的工作成果与总承包人或者勘察、设计、施工承包人向发包人承担连带责任。承包人不得将其承包的全部建设工程转包给第三人或者将其承包的全部建设工程肢解以后以分包的名义分别转包给第三人。

禁止承包人将工程分包给不具备相应资质条件的单位。禁止分包单位将其承包的工程再分包。建设工程主体结构的施工必须由承包人自行完成。

第二百七十三条 国家重大建设工程合同，应当按照国家规定的程序和国家批准的投资计划、可行性研究报告等文件订立。

第二百七十四条 勘察、设计合同的内容包括提交有关基础资料和文件（包括概预算）的期限、质量要求、费用以及其他协作条件等条款。

第二百七十五条 施工合同的内容包括工程范围、建设工期、中间交工工程的开工和竣工时间、工程质量、工程造价、技术资料交付时间、材料和设备供应责任、拨款和结算、竣工验收、质量保修范围和质量保证期、双方相互协作等条款。

第二百七十六条 建设工程实行监理的，发包人应当与监理人采用书面形式订立委托监理合同。发包人与监理人的权利和义务以及法律责任，应当依照本法委托合同以及其他有关法律、行政法规的规定。

第二百七十七条 发包人在不妨碍承包人正常作业的情况下，可以随时对作业进度、质量进行检查。

第二百七十八条 隐蔽工程在隐蔽以前，承包人应当通知发包人检查。发包人没有及时检查的，承包人可以顺延工程日期，并有权要求赔偿停工、窝工等损失。

第二百七十九条 建设工程竣工后，发包人应当根据施工图纸及说明书、国家颁发的施工验收规范和质量检验标准及时进行验收。验收合格的，发包人应当按照约定支付价款，并接收该建设工程。建设工程竣工经验收合格后，方可交付使用；未经验收或者验收不合格的，不得交付使用。

第二百八十条 勘察、设计的质量不符合要求或者未按照期限提交勘察、设计文件拖延工期，造成发包人损失的，勘察人、设计人应当继续完善勘察、设计，减收或者免收勘察、设计费并赔偿损失。

第二百八十一条 因施工人的原因致使建设工程质量不符合约定的，发包人有权要求施工人在合理期限内无偿修理或者返工、改建。经过修理或者返工、改建后，造成逾期交付的，施工人应当承担违约责任。

第二百八十二条 因承包人的原因致使建设工程在合理使用期限内造成人身和财产损害的，承包人应当承担损害赔偿责任。

第二百八十三条 发包人未按照约定的时间和要求提供原材料、设备、场地、资金、技术资料的，承包人可以顺延工程日期，并有权要求赔偿停工、窝工等损失。

第二百八十四条 因发包人的原因致使工程中途停建、缓建的，发包人应当采取措施弥补或者减少损失，赔偿承包人因此造成的停工、窝工、倒运、机械设备调迁、材料和构件积压等损失和实际费用。

第二百八十五条 因发包人变更计划，提供的资料不准确，或者未按照期限提供必需的勘察、设计工作条件而造成勘察、设计的返工、停工或者修改设计，发包人应当按照勘察人、设计人实际消耗的工作量增付费用。

第二百八十六条 发包人未按照约定支付价款的，承包人可以催告发包人在合理期限内支付价款。发包人逾期不支付的，除按照建设工程的性质不宜折价、拍卖的以外，承包人可以与发包人协议将该工程折价，也可以申请人民法院将该工程依法拍卖。建设工程的价款就该工程折价或者拍卖的价款优先受偿。

第二百八十七条 本章没有规定的，适用承揽合同的有关规定。

第十七章 运输合同

第一节 一般规定

第二百八十八条 运输合同是承运人将旅客或者货物从起运地点运输到约定地点，旅客、托运人或者收货人支付票款或者运输费用的合同。

第二百八十九条 从事公共运输的承运人不得拒绝旅客、托运人通常、合理的运输要求。

第二百九十条 承运人应当在约定期间或者合理期间内将旅客、货物安全运输到约定地点。

第二百九十一条 承运人应当按照约定的或者通常的运输路线将旅客、货物运输到约定地点。

第二百九十二条 旅客、托运人或者收货人应当支付票款或者运输费用。承运人未按照约定路线或者通常路线运输增加票款或者运输费用的，旅客、托运人或者收货人可以拒绝支付增加部分的票款或者运输费用。

第二节 客运合同

第二百九十三条 客运合同自承运人向旅客交付客票时成立，但当事人另有约定或者另有交易习惯的除外。

第二百九十四条 旅客应当持有效客票乘运。旅客无票乘运、超程乘运、越级乘运或者持失效客票乘运的，应当补交票款，承运人可以按照规定加收票款。旅客不交付票款的，承运人可以拒绝运输。

第二百九十五条 旅客因自己的原因不能按照客票记载的时间乘坐的，应当在约定的时间内办理退票或者变更手续。逾期办理的，承运人可以不退票款，并不再承担运输义务。

第二百九十六条 旅客在运输中应当按照约定的限量携带行李。超过限量携带行李的，应当办理托运手续。

第二百九十七条 旅客不得随身携带或者在行李中夹带易燃、易爆、有毒、有腐蚀性、有放射性以及有可能危及运输工具上人身和财产安全的危险物品或者其他违禁物品。

旅客违反前款规定的，承运人可以将违禁物品卸下、销毁或者送交有关部门。旅客坚持携带或者夹带违禁物品的，承运人应当拒绝运输。

第二百九十八条 承运人应当向旅客及时告知有关不能正常运输的重要事由和安全运输应当注意的事项。

第二百九十九条 承运人应当按照客票载明的时间和班次运输旅客。承运人迟延运输的，应当根据旅客的要求安排改乘其他班次或者退票。

第三百条 承运人擅自变更运输工具而降低服务标准的，应当根据旅客的要求退票或者减收票款；提高服务标准的，不应当加收票款。

第三百零一条 承运人在运输过程中，应当尽力救助患有急病、分娩、遇险的旅客。

第三百零二条 承运人应当对运输过程中旅客的伤亡承担损害赔偿责任，但伤亡是旅客自身健康原因造成的或者承运人证明伤亡是旅客故意、重大过失造成的除外。

前款规定适用于按照规定免票、持优待票或者经承运人许可搭乘的无票旅客。

第三百零三条 在运输过程中旅客自带物品毁损、灭失，承运人有过错的，应当承担损害赔偿责任。

旅客托运的行李毁损、灭失的，适用货物运输的有关规定。

第三节 货运合同

第三百零四条 托运人办理货物运输，应当向承运人准确表明收货人的名称或者姓名或者凭指示的收货人，货物的名称、性质、重量、数量，收货地点等有关货物运输的必要情况。

因托运人申报不实或者遗漏重要情况，造成承运人损失的，托运人应当承担损害赔偿责任。

第三百零五条 货物运输需要办理审批、检验等手续的，托运人应当将办理完有关手续的文件提交承运人。

第三百零六条 托运人应当按照约定的方式包装货物。对包装方式没有约定或者约定不明确的，适用本法第一百五十六条的规定。

托运人违反前款规定的，承运人可以拒绝运输。

第三百零七条 托运人托运易燃、易爆、有毒、有腐蚀性、有放射性等危险物品的，应当按照国家有关危险物品运输的规定对危险物品妥善包装，作出危险物标志和标签，并将有关危险物品的名称、性质和防范措施的书面材料提交承运人。

托运人违反前款规定的，承运人可以拒绝运输，也可以采取相应措施以避免损失的发生，因此产生的费用由托运人承担。

第三百零八条 在承运人将货物交付收货人之前，托运人可以要求承运人中止运输、返还货物、变更到达地或者将货物交给其他收货人，但应当赔偿承运人因此受到的损失。

第三百零九条 货物运输到达后，承运人知道收货人的，应当及时通知收货人，收货人应当及时提货。收货人逾期提货的，应当向承运人支付保管费等费用。

第三百一十条 收货人提货时应当按照约定的期限检验货物。对检验货物的期限没有约定或者约定不明确，依照本法第六十一条的规定仍不能确定的，应当在合理期限内检验货物。收货人在约定的期限或者合理期限内对货物的数量、毁损等未提出异议的，视为承运人已经按照运输单证的记载交付的初步证据。

第三百一十一条 承运人对运输过程中货物的毁损、灭失承担损害赔偿责任，但承运人证明货物的毁损、灭失是因不可抗力、货物本身的自然性质或者合理损耗以及托运人、收货人的过错造成的，不承担损害赔偿责任。

第三百一十二条 货物的毁损、灭失的赔偿额，当事人有约定的，按照其约定；没有约定或者约定不明确，依照本法第六十一条的规定仍不能确定的，按照交付或者应当交付时货物到达地的市场价格计算。法律、行政法规对赔偿额的计算方法和赔偿限额另有规定的，依照其规定。

第三百一十三条 两个以上承运人以同一运输方式联运的，与托运人订立合同的承运人应当对全程运输承担责任。损失发生在某一运输区段的，与托运人订立合同的承运人和该区段的承运人承担连带责任。

第三百一十四条 货物在运输过程中因不可抗力灭失，未收取运费的，承运人不得要求支付运费；已收取运费的，托运人可以要求返还。

第三百一十五条 托运人或者收货人不支付运费、保管费以及其他运输费用的，承运人对相应的运输货物享有留置权，但当事人另有约定的除外。

第三百一十六条 收货人不明或者收货人无正当理由拒绝受领货物的，依照本法第一百零一条的规定，承运人可以提存货物。

第四节 多式联运合同

第三百一十七条 多式联运经营人负责履行或者组织履行多式联运合同，对全程运输享有承运人的权利，承担承运人的义务。

第三百一十八条 多式联运经营人可以与参加多式联运的各区段承运人就多式联运合同的各区段运输约定相互之间的责任，但该约定不影响多式联运经营人对全程运输承担的义务。

第三百一十九条 多式联运经营人收到托运人交付的货物时，应当签发多式联运单据。按照托运人的要求，多式联运单据可以是可转让单据，也可以是不可转让单据。

第三百二十条 因托运人托运货物时的过错造成多式联运经营人损失的，即使托运人已经转让多式联运单据，托运人仍然应当承担损害赔偿责任。

第三百二十一条 货物的毁损、灭失发生于多式联运的某一运输区段的，多式联运经营人的赔偿责任和责任限额，适用调整该区段运输方式的有关法律规定。货物毁损、灭失发生的运输区段不能确定的，依照本章规定承担损害赔偿责任。

第十八章 技术合同

第一节 一般规定

第三百二十二条 技术合同是当事人就技术开发、转让、咨询或者服务订立的确立相互之间权利和义务的合同。

第三百二十三条 订立技术合同，应当有利于科学技术的进步，加速科学技术成果的转化、应用和推广。

第三百二十四条 技术合同的内容由当事人约定，一般包括以下条款：

（一）项目名称；

（二）标的的内容、范围和要求；

（三）履行的计划、进度、期限、地点、地域和方式；

（四）技术情报和资料的保密；

（五）风险责任的承担；

（六）技术成果的归属和收益的分成办法；

（七）验收标准和方法；

（八）价款、报酬或者使用费及其支付方式；

（九）违约金或者损失赔偿的计算方法；

（十）解决争议的方法；

（十一）名词和术语的解释。

与履行合同有关的技术背景资料、可行性论证和技术评价报告、项目任务书和计划书、技术标准、技术规范、原始设计和工艺文件以及其他技术文档，按照当事人的约定可以作为合同的组成部分。

技术合同涉及专利的，应当注明发明创造的名称、专利申请人和专利权人、申请日期、申请号、专利号以及专利权的有效期限。

第三百二十五条　技术合同价款、报酬或者使用费的支付方式由当事人约定，可以采取一次总算、一次总付或者一次总算、分期支付，也可以采取提成支付或者提成支付附加预付入门费的方式。

约定提成支付的，可以按照产品价格、实施专利和使用技术秘密后新增的产值、利润或者产品销售额的一定比例提成，也可以按照约定的其他方式计算。提成支付的比例可以采取固定比例、逐年递增比例或者逐年递减比例。

约定提成支付的，当事人应当在合同中约定查阅有关会计账目的办法。

第三百二十六条 职务技术成果的使用权、转让权属于法人或者其他组织的，法人或者其他组织可以就该项职务技术成果订立技术合同。法人或者其他组织应当从使用和转让该项职务技术成果所取得的收益中提取一定比例，对完成该项职务技术成果的个人给予奖励或者报酬。法人或者其他组织订立技术合同转让职务技术成果时，职务技术成果的完成人享有以同等条件优先受让的权利。

职务技术成果是执行法人或者其他组织的工作任务，或者主要是利用法人或者其他组织的物质技术条件所完成的技术成果。

第三百二十七条 非职务技术成果的使用权、转让权属于完成技术成果的个人，完成技术成果的个人可以就该项非职务技术成果订立技术合同。

第三百二十八条 完成技术成果的个人有在有关技术成果文件上写明自己是技术成果完成者的权利和取得荣誉证书、奖励的权利。

第三百二十九条 非法垄断技术、妨碍技术进步或者侵害他人技术成果的技术合同无效。

第二节 技术开发合同

第三百三十条 技术开发合同是指当事人之间就新技术、新产品、新工艺或者新材料及其系统的研究开发所订立的合同。

技术开发合同包括委托开发合同和合作开发合同。

技术开发合同应当采用书面形式。

当事人之间就具有产业应用价值的科技成果实施转化订立的合同，参照技术开发合同的规定。

第三百三十一条 委托开发合同的委托人应当按照约定支付

研究开发经费和报酬；提供技术资料、原始数据；完成协作事项；接受研究开发成果。

第三百三十二条 委托开发合同的研究开发人应当按照约定制定和实施研究开发计划；合理使用研究开发经费；按期完成研究开发工作，交付研究开发成果，提供有关的技术资料和必要的技术指导，帮助委托人掌握研究开发成果。

第三百三十三条 委托人违反约定造成研究开发工作停滞、延误或者失败的，应当承担违约责任。

第三百三十四条 研究开发人违反约定造成研究开发工作停滞、延误或者失败的，应当承担违约责任。

第三百三十五条 合作开发合同的当事人应当按照约定进行投资，包括以技术进行投资；分工参与研究开发工作；协作配合研究开发工作。

第三百三十六条 合作开发合同的当事人违反约定造成研究开发工作停滞、延误或者失败的，应当承担违约责任。

第三百三十七条 因作为技术开发合同标的的技术已经由他人公开，致使技术开发合同的履行没有意义的，当事人可以解除合同。

第三百三十八条 在技术开发合同履行过程中，因出现无法克服的技术困难，致使研究开发失败或者部分失败的，该风险责任由当事人约定。没有约定或者约定不明确，依照本法第六十一条的规定仍不能确定的，风险责任由当事人合理分担。

当事人一方发现前款规定的可能致使研究开发失败或者部分失败的情形时，应当及时通知另一方并采取适当措施减少损失。没有及时通知并采取适当措施，致使损失扩大的，应当就扩大的损失承担责任。

第三百三十九条 委托开发完成的发明创造，除当事人另有约定的以外，申请专利的权利属于研究开发人。研究开发人取得专利权的，委托人可以免费实施该专利。

研究开发人转让专利申请权的，委托人享有以同等条件优先受让的权利。

第三百四十条 合作开发完成的发明创造，除当事人另有约定的以外，申请专利的权利属于合作开发的当事人共有。当事人一方转让其共有的专利申请权的，其他各方享有以同等条件优先受让的权利。

合作开发的当事人一方声明放弃其共有的专利申请权的，可以由另一方单独申请或者由其他各方共同申请。申请人取得专利权的，放弃专利申请权的一方可以免费实施该专利。

合作开发的当事人一方不同意申请专利的，另一方或者其他各方不得申请专利。

第三百四十一条 委托开发或者合作开发完成的技术秘密成果的使用权、转让权以及利益的分配办法，由当事人约定。没有约定或者约定不明确，依照本法第六十一条的规定仍不能确定的，当事人均有使用和转让的权利，但委托开发的研究开发人不得在向委托人交付研究开发成果之前，将研究开发成果转让给第三人。

第三节 技术转让合同

第三百四十二条 技术转让合同包括专利权转让、专利申请权转让、技术秘密转让、专利实施许可合同。

技术转让合同应当采用书面形式。

第三百四十三条 技术转让合同可以约定让与人和受让人实施专利或者使用技术秘密的范围，但不得限制技术竞争和技术发展。

第三百四十四条 专利实施许可合同只在该专利权的存续期

间内有效。专利权有效期限届满或者专利权被宣布无效的，专利权人不得就该专利与他人订立专利实施许可合同。

第三百四十五条 专利实施许可合同的让与人应当按照约定许可受让人实施专利，交付实施专利有关的技术资料，提供必要的技术指导。

第三百四十六条 专利实施许可合同的受让人应当按照约定实施专利，不得许可约定以外的第三人实施该专利；并按照约定支付使用费。

第三百四十七条 技术秘密转让合同的让与人应当按照约定提供技术资料，进行技术指导，保证技术的实用性、可靠性，承担保密义务。

第三百四十八条 技术秘密转让合同的受让人应当按照约定使用技术，支付使用费，承担保密义务。

第三百四十九条 技术转让合同的让与人应当保证自己是所提供的技术的合法拥有者，并保证所提供的技术完整、无误、有效，能够达到约定的目标。

第三百五十条 技术转让合同的受让人应当按照约定的范围和期限，对让与人提供的技术中尚未公开的秘密部分，承担保密义务。

第三百五十一条 让与人未按照约定转让技术的，应当返还部分或者全部使用费，并应当承担违约责任；实施专利或者使用技术秘密超越约定的范围的，违反约定擅自许可第三人实施该项专利或者使用该项技术秘密的，应当停止违约行为，承担违约责任；违反约定的保密义务的，应当承担违约责任。

第三百五十二条 受让人未按照约定支付使用费的，应当补交使用费并按照约定支付违约金；不补交使用费或者支付违约金的，应当停止实施专利或者使用技术秘密，交还技术资料，承担违约责任；实施专利或者使用技术秘密超越约定的范围的，未经让与人同意擅自许可第三人实施该专利或者使用该技术秘密的，应当停止违约行为，承担违约责任；违反约定的保密义务的，应当承担违约责任。

第三百五十三条　受让人按照约定实施专利、使用技术秘密侵害他人合法权益的，由让与人承担责任，但当事人另有约定的除外。

第三百五十四条　当事人可以按照互利的原则，在技术转让合同中约定实施专利、使用技术秘密后续改进的技术成果的分享办法。没有约定或者约定不明确，依照本法第六十一条的规定仍不能确定的，一方后续改进的技术成果，其他各方无权分享。

第三百五十五条　法律、行政法规对技术进出口合同或者专利、专利申请合同另有规定的，依照其规定。

第四节　技术咨询合同和技术服务合同

第三百五十六条　技术咨询合同包括就特定技术项目提供可行性论证、技术预测、专题技术调查、分析评价报告等合同。

技术服务合同是指当事人一方以技术知识为另一方解决特定技术问题所订立的合同，不包括建设工程合同和承揽合同。

第三百五十七条　技术咨询合同的委托人应当按照约定阐明咨询的问题，提供技术背景材料及有关技术资料、数据；接受受托人的工作成果，支付报酬。

第三百五十八条　技术咨询合同的受托人应当按照约定的期限完成咨询报告或者解答问题；提出的咨询报告应当达到约定的要求。

第三百五十九条　技术咨询合同的委托人未按照约定提供必要的资料和数据，影响工作进度和质量，不接受或者逾期接受工作成果的，支付的报酬不得追回，未支付的报酬应当支付。

技术咨询合同的受托人未按期提出咨询报告或者提出的咨询报告不符合约定的，应当承担减收或者免收报酬等违约责任。

技术咨询合同的委托人按照受托人符合约定要求的咨询报告和意见作出决策所造成的损失，由委托人承担，但当事人另有约定的除外。

第三百六十条 技术服务合同的委托人应当按照约定提供工作条件，完成配合事项；接受工作成果并支付报酬。

第三百六十一条 技术服务合同的受托人应当按照约定完成服务项目，解决技术问题，保证工作质量，并传授解决技术问题的知识。

第三百六十二条 技术服务合同的委托人不履行合同义务或者履行合同义务不符合约定，影响工作进度和质量，不接受或者逾期接受工作成果的，支付的报酬不得追回，未支付的报酬应当支付。

技术服务合同的受托人未按照合同约定完成服务工作的，应当承担免收报酬等违约责任。

第三百六十三条 在技术咨询合同、技术服务合同履行过程中，受托人利用委托人提供的技术资料和工作条件完成的新的技术成果，属于受托人。委托人利用受托人的工作成果完成的新的技术成果，属于委托人。当事人另有约定的，按照其约定。

第三百六十四条 法律、行政法规对技术中介合同、技术培训合同另有规定的，依照其规定。

第十九章　保管合同

第三百六十五条 保管合同是保管人保管寄存人交付的保管物，并返还该物的合同。

第三百六十六条 寄存人应当按照约定向保管人支付保管费。

当事人对保管费没有约定或者约定不明确，依照本法第六十一条的规定仍不能确定的，保管是无偿的。

第三百六十七条保管合同自保管物交付时成立，但当事人另有约定的除外。

第三百六十八条 寄存人向保管人交付保管物的，保管人应当给付保管凭证，但另有交易习惯的除外。

第三百六十九条 保管人应当妥善保管保管物。

当事人可以约定保管场所或者方法。除紧急情况或者为了维护寄存人利益的以外，不得擅自改变保管场所或者方法。

第三百七十条 寄存人交付的保管物有瑕疵或者按照保管物的性质需要采取特殊保管措施的，寄存人应当将有关情况告知保管人。寄存人未告知，致使保管物受损失的，保管人不承担损害赔偿责任；保管人因此受损失的，除保管人知道或者应当知道并且未采取补救措施的以外，寄存人应当承担损害赔偿责任。

第三百七十一条 保管人不得将保管物转交第三人保管，但当事人另有约定的除外。

保管人违反前款规定，将保管物转交第三人保管，对保管物造成损失的，应当承担损害赔偿责任。

第三百七十二条 保管人不得使用或者许可第三人使用保管物，但当事人另有约定的除外。

第三百七十三条 第三人对保管物主张权利的，除依法对保管物采取保全或者执行的以外，保管人应当履行向寄存人返还保管物的义务。

第三人对保管人提起诉讼或者对保管物申请扣押的，保管人应当及时通知寄存人。

第三百七十四条 保管期间，因保管人保管不善造成保管物毁损、灭失的，保管人应当承担损害赔偿责任，但保管是无偿的，保管人证明自己没有重大过失的，不承担损害赔偿责任。

第三百七十五条 寄存人寄存货币、有价证券或者其他贵重物品的，应当向保管人声明，由保管人验收或者封存。寄存人未声明的，该物品毁损、灭失后，保管人可以按照一般物品予以赔偿。

第三百七十六条 寄存人可以随时领取保管物。

当事人对保管期间没有约定或者约定不明确的，保管人可以随时要求寄存人领取保管物；约定保管期间的，保管人无特别事由，不得要求寄存人提前领取保管物。

第三百七十七条 保管期间届满或者寄存人提前领取保管物的，保管人应当将原物及其孳息归还寄存人。

第三百七十八条 保管人保管货币的，可以返还相同种类、数量的货币。保管其他可替代物的，可以按照约定返还相同种类、品质、数量的物品。

第三百七十九条 有偿的保管合同，寄存人应当按照约定的期限向保管人支付保管费。

当事人对支付期限没有约定或者约定不明确，依照本法第六十一条的规定仍不能确定的，应当在领取保管物的同时支付。

第三百八十条 寄存人未按照约定支付保管费以及其他费用的，保管人对保管物享有留置权，但当事人另有约定的除外。

第二十章 仓储合同

第三百八十一条 仓储合同是保管人储存存货人交付的仓储物，存货人支付仓储费的合同。

第三百八十二条 仓储合同自成立时生效。

第三百八十三条 储存易燃、易爆、有毒、有腐蚀性、有放射性等危险物品或者易变质物品，存货人应当说明该物品的性质，提供有关资料。

存货人违反前款规定的，保管人可以拒收仓储物，也可以采取相应措施以避免损失的发生，因此产生的费用由存货人承担。

保管人储存易燃、易爆、有毒、有腐蚀性、有放射性等危险物品的，应当具备相应的保管条件。

第三百八十四条 保管人应当按照约定对入库仓储物进行验收。保管人验收时发现入库仓储物与约定不符合的，应当及时通知存货人。保管人验收后，发生仓储物的品种、数量、质量不符合约定的，保管人应当承担损害赔偿责任。

第三百八十五条 存货人交付仓储物的，保管人应当给付仓单。

第三百八十六条 保管人应当在仓单上签字或者盖章。仓单包括下列事项：

（一）存货人的名称或者姓名和住所；

（二）仓储物的品种、数量、质量、包装、件数和标记；

（三）仓储物的损耗标准；

（四）储存场所；

（五）储存期间；

（六）仓储费；

（七）仓储物已经办理保险的，其保险金额、期间以及保险人的名称；

（八）填发人、填发地和填发日期。

第三百八十七条 仓单是提取仓储物的凭证。存货人或者仓单持有人在仓单上背书并经保管人签字或者盖章的，可以转让提取仓储物的权利。

第三百八十八条 保管人根据存货人或者仓单持有人的要求，应当同意其检查仓储物或者提取样品。

第三百八十九条 保管人对入库仓储物发现有变质或者其他

损坏的，应当及时通知存货人或者仓单持有人。

第三百九十条 保管人对入库仓储物发现有变质或者其他损坏，危及其他仓储物的安全和正常保管的，应当催告存货人或者仓单持有人作出必要的处置。因情况紧急，保管人可以作出必要的处置，但事后应当将该情况及时通知存货人或者仓单持有人。

第三百九十一条 当事人对储存期间没有约定或者约定不明确的，存货人或者仓单持有人可以随时提取仓储物，保管人也可以随时要求存货人或者仓单持有人提取仓储物，但应当给予必要的准备时间。

第三百九十二条 储存期间届满，存货人或者仓单持有人应当凭仓单提取仓储物。存货人或者仓单持有人逾期提取的，应当加收仓储费；提前提取的，不减收仓储费。

第三百九十三条 储存期间届满，存货人或者仓单持有人不提取仓储物的，保管人可以催告其在合理期限内提取，逾期不提取的，保管人可以提存仓储物。

第三百九十四条 储存期间，因保管人保管不善造成仓储物毁损、灭失的，保管人应当承担损害赔偿责任。因仓储物的性质、包装不符合约定或者超过有效储存期造成仓储物变质、损坏的，保管人不承担损害赔偿责任。

第三百九十五条 本章没有规定的，适用保管合同的有关规定。

第二十一章　委托合同

第三百九十六条 委托合同是委托人和受托人约定，由受托人处理委托人事务的合同。

第三百九十七条 委托人可以特别委托受托人处理一项或者数项事务，也可以概括委托受托人处理一切事务。

第三百九十八条 委托人应当预付处理委托事务的费用。受托人为处理委托事务垫付的必要费用，委托人应当偿还该费用及其利息。

第三百九十九条 受托人应当按照委托人的指示处理委托事务。需要变更委托人指示的，应当经委托人同意；因情况紧急，难以和委托人取得联系的，受托人应当妥善处理委托事务，但事后应当将该情况及时报告委托人。

第四百条 受托人应当亲自处理委托事务。经委托人同意，受托人可以转委托。转委托经同意的，委托人可以就委托事务直接指示转委托的第三人，受托人仅就第三人的选任及其对第三人的指示承担责任。转委托未经同意的，受托人应当对转委托的第三人的行为承担责任，但在紧急情况下受托人为维护委托人的利益需要转委托的除外。

第四百零一条 受托人应当按照委托人的要求，报告委托事务的处理情况。委托合同终止时，受托人应当报告委托事务的结果。

第四百零二条 受托人以自己的名义，在委托人的授权范围内与第三人订立的合同，第三人在订立合同时知道受托人与委托人之间的代理关系的，该合同直接约束委托人和第三人，但有确切证据证明该合同只约束受托人和第三人的除外。

第四百零三条 受托人以自己的名义与第三人订立合同时，第三人不知道受托人与委托人之间的代理关系的，受托人因第三人的原因对委托人不履行义务，受托人应当向委托人披露第三人，委托人因此可以行使受托人对第三人的权利，但第三人与受托人订立合同时如果知道该委托人就不会订立合同的除外。

受托人因委托人的原因对第三人不履行义务，受托人应当向第三人披露委托人，第三人因此可以选择受托人或者委托人作为相对人主张其权利，但第三人不得变更选定的相对人。

委托人行使受托人对第三人的权利的，第三人可以向委托人主张其对受托人的抗辩。第三人选定委托人作为其相对人的，委托人可以向第三人主张其对受托人的抗辩以及受托人对第三人的抗辩。

第四百零四条　受托人处理委托事务取得的财产，应当转交给委托人。

第四百零五条　受托人完成委托事务的，委托人应当向其支付报酬。因不可归责于受托人的事由，委托合同解除或者委托事务不能完成的，委托人应当向受托人支付相应的报酬。当事人另有约定的，按照其约定。

第四百零六条　有偿的委托合同，因受托人的过错给委托人造成损失的，委托人可以要求赔偿损失。无偿的委托合同，因受托人的故意或者重大过失给委托人造成损失的，委托人可以要求赔偿损失。

受托人超越权限给委托人造成损失的，应当赔偿损失。

第四百零七条　受托人处理委托事务时，因不可归责于自己的事由受到损失的，可以向委托人要求赔偿损失。

第四百零八条　委托人经受托人同意，可以在受托人之外委托第三人处理委托事务。因此给受托人造成损失的，受托人可以向委托人要求赔偿损失。

第四百零九条　两个以上的受托人共同处理委托事务的，对委托人承担连带责任。

第四百一十条　委托人或者受托人可以随时解除委托合同。因解除合同给对方造成损失的，除不可归责于该当事人的事由以外，应当赔偿损失。

第四百一十一条　委托人或者受托人死亡、丧失民事行为能力或者破产的，委托合同终止，但当事人另有约定或者根据委托事务的性质不宜终止的除外。

第四百一十二条 因委托人死亡、丧失民事行为能力或者破产，致使委托合同终止将损害委托人利益的，在委托人的继承人、法定代理人或者清算组织承受委托事务之前，受托人应当继续处理委托事务。

第四百一十三条 因受托人死亡、丧失民事行为能力或者破产，致使委托合同终止的，受托人的继承人、法定代理人或者清算组织应当及时通知委托人。因委托合同终止将损害委托人利益的，在委托人作出善后处理之前，受托人的继承人、法定代理人或者清算组织应当采取必要措施。

第二十二章 行纪合同

第四百一十四条 行纪合同是行纪人以自己的名义为委托人从事贸易活动，委托人支付报酬的合同。

第四百一十五条 行纪人处理委托事务支出的费用，由行纪人负担，但当事人另有约定的除外。

第四百一十六条 行纪人占有委托物的，应当妥善保管委托物。

第四百一十七条 委托物交付给行纪人时有瑕疵或者容易腐烂、变质的，经委托人同意，行纪人可以处分该物；和委托人不能及时取得联系的，行纪人可以合理处分。

第四百一十八条 行纪人低于委托人指定的价格卖出或者高于委托人指定的价格买入的，应当经委托人同意。未经委托人同意，行纪人补偿其差额的，该买卖对委托人发生效力。

行纪人高于委托人指定的价格卖出或者低于委托人指定的价格买入的，可以按照约定增加报酬。没有约定或者约定不明确，依照本法第六十一条的规定仍不能确定的，该利益属于委托人。

委托人对价格有特别指示的，行纪人不得违背该指示卖出或者买入。

第四百一十九条 行纪人卖出或者买入具有市场定价的商品，除委托人有相反的意思表示的以外，行纪人自己可以作为买受人或者出卖人。

行纪人有前款规定情形的，仍然可以要求委托人支付报酬。

第四百二十条 行纪人按照约定买入委托物，委托人应当及时受领。经行纪人催告，委托人无正当理由拒绝受领的，行纪人依照本法第一百零一条的规定可以提存委托物。

委托物不能卖出或者委托人撤回出卖，经行纪人催告，委托人不取回或者不处分该物的，行纪人依照本法第一百零一条的规定可以提存委托物。

第四百二十一条 行纪人与第三人订立合同的，行纪人对该合同直接享有权利、承担义务。

第三人不履行义务致使委托人受到损害的，行纪人应当承担损害赔偿责任，但行纪人与委托人另有约定的除外。

第四百二十二条 行纪人完成或者部分完成委托事务的，委托人应当向其支付相应的报酬。委托人逾期不支付报酬的，行纪人对委托物享有留置权，但当事人另有约定的除外。

第四百二十三条 本章没有规定的，适用委托合同的有关规定。

第二十三章 居间合同

第四百二十四条 居间合同是居间人向委托人报告订立合同的机会或者提供订立合同的媒介服务，委托人支付报酬的合同。

第四百二十五条 居间人应当就有关订立合同的事项向委托人如实报告。

居间人故意隐瞒与订立合同有关的重要事实或者提供虚假情况，损害委托人利益的，不得要求支付报酬并应当承担损害赔偿责任。

第四百二十六条 居间人促成合同成立的，委托人应当按照约定支付报酬。对居间人的报酬没有约定或者约定不明确，依照本法第六十一条的规定仍不能确定的，根据居间人的劳务合理确定。因居间人提供订立合同的媒介服务而促成合同成立的，由该合同的当事人平均负担居间人的报酬。

居间人促成合同成立的，居间活动的费用，由居间人负担。

第四百二十七条 居间人未促成合同成立的，不得要求支付报酬，但可以要求委托人支付从事居间活动支出的必要费用。

附 则

第四百二十八条 本法自1999年10月1日起施行，《中华人民共和国经济合同法》、《中华人民共和国涉外经济合同法》、《中华人民共和国技术合同法》同时废止。

农村土地承包经营纠纷仲裁规则

中华人民共和国农业部　国家林业局令

第一章　总　则

第一条　为规范农村土地承包经营纠纷仲裁活动，根据《中华人民共和国农村土地承包经营纠纷调解仲裁法》，制定本规则。

第二条　农村土地承包经营纠纷仲裁适用本规则。

第三条　下列农村土地承包经营纠纷，当事人可以向农村土地承包仲裁委员会(以下简称仲裁委员会)申请仲裁：

(一)因订立、履行、变更、解除和终止农村土地承包合同发生的纠纷；

(二)因农村土地承包经营权转包、出租、互换、转让、入股等流转发生的纠纷；

(三)因收回、调整承包地发生的纠纷；

(四)因确认农村土地承包经营权发生的纠纷；

(五)因侵害农村土地承包经营权发生的纠纷；

(六)法律、法规规定的其他农村土地承包经营纠纷。

因征收集体所有的土地及其补偿发生的纠纷，不属于仲裁委员会的受理范围，可以通过行政复议或者诉讼等方式解决。

第四条　仲裁委员会依法设立，其日常工作由当地农村土地承包管理部门承担。

第五条　农村土地承包经营纠纷仲裁，应当公开、公平、公正，便民高效，注重调解，尊重事实，符合法律，遵守社会公德。

第二章　申请和受理

第六条　农村土地承包经营纠纷仲裁的申请人、被申请人为仲裁当事人。

第七条　家庭承包的，可以由农户代表人参加仲裁。农户代表人由农户成员共同推选；不能共同推选的，按下列方式确定：

（一）土地承包经营权证或者林权证等证书上记载的人；

（二）未取得土地承包经营权证或者林权证等证书的，为在承包合同上签字的人。

第八条　当事人一方为五户（人）以上的，可以推选三至五名代表人参加仲裁。

第九条　与案件处理结果有利害关系的，可以申请作为第三人参加仲裁，或者由仲裁委员会通知其参加仲裁。

第十条　当事人、第三人可以委托代理人参加仲裁。

当事人或者第三人为无民事行为能力人或者限制民事行为能力人的，由其法定代理人参加仲裁。

第十一条　当事人申请农村土地承包经营纠纷仲裁的时效期间为两年，自当事人知道或者应当知道其权利被侵害之日起计算。

仲裁时效因申请调解、申请仲裁、当事人一方提出要求或者同意履行义务而中断。从中断时起，仲裁时效重新计算。

在仲裁时效期间的最后六个月内，因不可抗力或者其他事由，当事人不能申请仲裁的，仲裁时效中止。从中止时效的原因消除之日起，仲裁时效期间继续计算。

侵害农村土地承包经营权行为持续发生的，仲裁时效从侵权行为终了时计算。

第十二条　申请农村土地承包经营纠纷仲裁，应当符合下列条件：

（一）申请人与纠纷有直接的利害关系；

（二）有明确的被申请人；

（三）有具体的仲裁请求和事实、理由；

（四）属于仲裁委员会的受理范围。

第十三条　当事人申请仲裁，应当向纠纷涉及土地所在地的仲裁委员会递交仲裁申请书。申请书可以邮寄或者委托他人代交。

书面申请有困难的，可以口头申请，由仲裁委员会记入笔录，经申请人核实后由其签名、盖章或者按指印。

仲裁委员会收到仲裁申请材料，应当出具回执。回执应当载明接收材料的名称和份数、接收日期等，并加盖仲裁委员会印章。

第十四条　仲裁申请书应当载明下列内容：

（一）申请人和被申请人的姓名、年龄、住所、邮政编码、电话或者其他通讯方式；法人或者其他组织应当写明名称、地址和法定代表人或者主要负责人的姓名、职务、通讯方式；

（二）申请人的仲裁请求；

（三）仲裁请求所依据的事实和理由；

（四）证据和证据来源、证人姓名和联系方式。

第十五条　仲裁委员会应当对仲裁申请进行审查，符合申请条件的，应当受理。

有下列情形之一的，不予受理；已受理的，终止仲裁程序：

（一）不符合申请条件；

（二）人民法院已受理该纠纷；

（三）法律规定该纠纷应当由其他机构受理；

（四）对该纠纷已有生效的判决、裁定、仲裁裁决、行政处理决定等。

第十六条 仲裁委员会决定受理仲裁申请的，应当自收到仲裁申请之日起五个工作日内，将受理通知书、仲裁规则、仲裁员名册送达申请人，将受理通知书、仲裁申请书副本、仲裁规则、仲裁员名册送达被申请人。

决定不予受理或者终止仲裁程序的，应当自收到仲裁申请或者发现终止仲裁程序情形之日起五个工作日内书面通知申请人，并说明理由。

需要通知第三人参加仲裁的，仲裁委员会应当通知第三人，并告知其权利义务。

第十七条 被申请人应当自收到仲裁申请书副本之日起十日内向仲裁委员会提交答辩书。

仲裁委员会应当自收到答辩书之日起五个工作日内将答辩书副本送达申请人。

被申请人未答辩的，不影响仲裁程序的进行。

第十八条 答辩书应当载明下列内容：

（一）答辩人姓名、年龄、住所、邮政编码、电话或者其他通讯方式；法人或者其他组织应当写明名称、地址和法定代表人或者主要负责人的姓名、职务、通讯方式；

（二）对申请人仲裁申请的答辩及所依据的事实和理由；

（三）证据和证据来源，证人姓名和联系方式。

书面答辩确有困难的，可以口头答辩，由仲裁委员会记入笔录，经被申请人核实后由其签名、盖章或者按指印。

第十九条 当事人提交仲裁申请书、答辩书、有关证据材料及其他书面文件，应当一式三份。

第二十条 因一方当事人的行为或者其他原因可能使裁决不

能执行或者难以执行，另一方当事人申请财产保全的，仲裁委员会应当将当事人的申请提交被申请人住所地或者财产所在地的基层人民法院，并告知申请人因申请错误造成被申请人财产损失的，应当承担相应的赔偿责任。

第三章　仲裁庭

第二十一条　仲裁庭由三名仲裁员组成。

事实清楚、权利义务关系明确、争议不大的农村土地承包经营纠纷，经双方当事人同意，可以由一名仲裁员仲裁。

第二十二条　双方当事人自收到受理通知书之日起五个工作日内，从仲裁员名册中选定仲裁员。首席仲裁员由双方当事人共同选定，其他二名仲裁员由双方当事人各自选定；当事人不能选定的，由仲裁委员会主任指定。

独任仲裁员由双方当事人共同选定；当事人不能选定的，由仲裁委员会主任指定。

仲裁委员会应当自仲裁庭组成之日起两个工作日内将仲裁庭组成情况通知当事人。

第二十三条　仲裁庭组成后，首席仲裁员应当召集其他仲裁员审阅案件材料，了解纠纷的事实和情节，研究双方当事人的请求和理由，查核证据，整理争议焦点。

仲裁庭认为确有必要的，可以要求当事人在一定期限内补充证据，也可以自行调查取证。自行调查取证的，调查人员不得少于两人。

第二十四条　仲裁员有下列情形之一的，应当回避：

（一）是本案当事人或者当事人、代理人的近亲属；

（二）与本案有利害关系；

（三）与本案当事人、代理人有其他关系，可能影响公正仲裁；

（四）私自会见当事人、代理人，或者接受当事人、代理人请客送礼。

第二十五条　仲裁员有回避情形的，应当以口头或者书面方式及时向仲裁委员会提出。

当事人认为仲裁员有回避情形的，有权以口头或者书面方式向仲裁委员会申请其回避。

当事人提出回避申请，应当在首次开庭前提出，并说明理由；在首次开庭后知道回避事由的，可以在最后一次开庭终结前提出。

第二十六条　仲裁委员会应当自收到回避申请或者发现仲裁员有回避情形之日起两个工作日内作出决定，以口头或者书面方式通知当事人，并说明理由。

仲裁员是否回避，由仲裁委员会主任决定；仲裁委员会主任担任仲裁员时，由仲裁委员会集体决定主任的回避。

第二十七条　仲裁员有下列情形之一的，应当按照本规则第二十二条规定重新选定或者指定仲裁员：

（一）被决定回避的；

（二）在法律上或者事实上不能履行职责的；

（三）因被除名或者解聘丧失仲裁员资格的；

（四）因个人原因退出或者不能从事仲裁工作的；

（五）因徇私舞弊、失职渎职被仲裁委员会决定更换的。

重新选定或者指定仲裁员后，仲裁程序继续进行。当事人请求仲裁程序重新进行的，由仲裁庭决定。

第二十八条　仲裁庭应当向当事人提供必要的法律政策解释，帮助当事人自行和解。

达成和解协议的，当事人可以请求仲裁庭根据和解协议制作裁决书；当事人要求撤回仲裁申请的，仲裁庭应当终止仲裁程序。

第二十九条 仲裁庭应当在双方当事人自愿的基础上进行调解。调解达成协议的，仲裁庭应当制作调解书。

调解书应当载明双方当事人基本情况、纠纷事由、仲裁请求和协议结果，由仲裁员签名，并加盖仲裁委员会印章，送达双方当事人。

调解书经双方当事人签收即发生法律效力。

第三十条 调解不成或者当事人在调解书签收前反悔的，仲裁庭应当及时作出裁决。

当事人在调解过程中的陈述、意见、观点或者建议，仲裁庭不得作为裁决的证据或依据。

第三十一条 仲裁庭作出裁决前，申请人放弃仲裁请求并撤回仲裁申请，且被申请人没有就申请人的仲裁请求提出反请求的，仲裁庭应当终止仲裁程序。

申请人经书面通知，无正当理由不到庭或者未经仲裁庭许可中途退庭的，可以视为撤回仲裁申请。

第三十二条 被申请人就申请人的仲裁请求提出反请求的，应当说明反请求事项及其所依据的事实和理由，并附具有关证明材料。

被申请人在仲裁庭组成前提出反请求的，由仲裁委员会决定是否受理；在仲裁庭组成后提出反请求的，由仲裁庭决定是否受理。

仲裁委员会或者仲裁庭决定受理反请求的，应当自收到反请求之日起五个工作日内将反请求申请书副本送达申请人。申请人应当在收到反请求申请书副本后十个工作日内提交反请求答辩书，不答辩的不影响仲裁程序的进行。仲裁庭应当将被申请人的反请求与申请人的请求合并审理。

仲裁委员会或者仲裁庭决定不予受理反请求的，应当书面通知被申请人，并说明理由。

第三十三条 仲裁庭组成前申请人变更仲裁请求或者被申请人变更反请求的，由仲裁委员会作出是否准许的决定；仲裁庭组成后变更请求或者反请求的，由仲裁庭作出是否准许的决定。

第四章 开 庭

第三十四条 农村土地承包经营纠纷仲裁应当开庭进行。开庭应当公开，但涉及国家秘密、商业秘密和个人隐私以及当事人约定不公开的除外。

开庭可以在纠纷涉及的土地所在地的乡(镇)或者村进行，也可以在仲裁委员会所在地进行。当事人双方要求在乡(镇)或者村开庭的，应当在该乡(镇)或者村开庭。

第三十五条 仲裁庭应当在开庭五个工作日前将开庭时间、地点通知当事人、第三人和其他仲裁参与人。

当事人请求变更开庭时间和地点的，应当在开庭三个工作日前向仲裁庭提出，并说明理由。仲裁庭决定变更的，通知双方当事人、第三人和其他仲裁参与人；决定不变更的，通知提出变更请求的当事人。

第三十六条 公开开庭的，应当将开庭时间、地点等信息予以公告。

申请旁听的公民，经仲裁庭审查后可以旁听。

第三十七条 被申请人经书面通知，无正当理由不到庭或者未经仲裁庭许可中途退庭的，仲裁庭可以缺席裁决。

被申请人提出反请求，申请人经书面通知，无正当理由不到庭或者未经仲裁庭许可中途退庭的，仲裁庭可以就反请求缺席裁决。

第三十八条 开庭前，仲裁庭应当查明当事人、第三人、代理人和其他仲裁参与人是否到庭，并逐一核对身份。

开庭由首席仲裁员或者独任仲裁员宣布。首席仲裁员或者独任仲裁员应当宣布案由，宣读仲裁庭组成人员名单、仲裁庭纪律、当事人权利和义务，询问当事人是否申请仲裁员回避。

第三十九条 仲裁庭应当保障双方当事人平等陈述的机会，组织当事人、第三人、代理人陈述事实、意见、理由。

第四十条 当事人、第三人应当提供证据，对其主张加以证明。

与纠纷有关的证据由作为当事人一方的发包方等掌握管理的，该当事人应当在仲裁庭指定的期限内提供，逾期不提供的，应当承担不利后果。

第四十一条 仲裁庭自行调查收集的证据，应当在开庭时向双方当事人出示。

第四十二条 仲裁庭对专门性问题认为需要鉴定的，可以交由当事人约定的鉴定机构鉴定；当事人没有约定的，由仲裁庭指定的鉴定机构鉴定。

第四十三条 当事人申请证据保全，应当向仲裁委员会书面提出。仲裁委员会应当自收到申请之日起两个工作日内，将申请提交证据所在地的基层人民法院。

第四十四条 当事人、第三人申请证人出庭作证的，仲裁庭应当准许，并告知证人的权利义务。

证人不得旁听案件审理。

第四十五条 证据应当在开庭时出示，但涉及国家秘密、商业秘密和个人隐私的证据不得在公开开庭时出示。

仲裁庭应当组织当事人、第三人交换证据，相互质证。

经仲裁庭许可，当事人、第三人可以向证人询问，证人应当据实回答。

根据当事人的请求或者仲裁庭的要求，鉴定机构应当派鉴定人参加开庭。经仲裁庭许可，当事人可以向鉴定人提问。

第四十六条 仲裁庭应当保障双方当事人平等行使辩论权，并对争议焦点组织辩论。

辩论终结时，首席仲裁员或者独任仲裁员应当征询双方当事人、第三人的最后意见。

第四十七条 对权利义务关系明确的纠纷，当事人可以向仲裁庭书面提出先行裁定申请，请求维持现状、恢复农业生产以及停止取土、占地等破坏性行为。仲裁庭应当自收到先行裁定申请之日起两个工作日内作出决定。

仲裁庭作出先行裁定的，应当制作先行裁定书，并告知先行裁定申请人可以向人民法院申请执行，但应当提供相应的担保。

先行裁定书应当载明先行裁定申请的内容、依据事实和理由、裁定结果和日期，由仲裁员签名，加盖仲裁委员会印章。

第四十八条 仲裁庭应当将开庭情况记入笔录。笔录由仲裁员、记录人员、当事人、第三人和其他仲裁参与人签名、盖章或者按指印。

当事人、第三人和其他仲裁参与人认为对自己的陈述记录有遗漏或者差错的，有权申请补正。仲裁庭不予补正的，应当向申请人说明情况，并记录该申请。

第四十九条 发生下列情形之一的，仲裁程序中止：

(一)一方当事人死亡，需要等待继承人表明是否参加仲裁的；

(二)一方当事人丧失行为能力，尚未确定法定代理人的；

(三)作为一方当事人的法人或者其他组织终止，尚未确定权利义务承受人的；

(四)一方当事人因不可抗拒的事由，不能参加仲裁的；

（五）本案必须以另一案的审理结果为依据，而另一案尚未审结的；

（六）其他应当中止仲裁程序的情形。

在仲裁庭组成前发生仲裁中止事由的，由仲裁委员会决定是否中止仲裁；仲裁庭组成后发生仲裁中止事由的，由仲裁庭决定是否中止仲裁。决定仲裁程序中止的，应当书面通知当事人。

仲裁程序中止的原因消除后，仲裁委员会或者仲裁庭应当在三个工作日内作出恢复仲裁程序的决定，并通知当事人和第三人。

第五十条 发生下列情形之一的，仲裁程序终结：

（一）申请人死亡或者终止，没有继承人及权利义务承受人，或者继承人、权利义务承受人放弃权利的；

（二）被申请人死亡或者终止，没有可供执行的财产，也没有应当承担义务的人的；

（三）其他应当终结仲裁程序的。

终结仲裁程序的，仲裁委员会应当自发现终结仲裁程序情形之日起五个工作日内书面通知当事人、第三人，并说明理由。

第五章 裁决和送达

第五十一条 仲裁庭应当根据认定的事实和法律以及国家政策作出裁决，并制作裁决书。

首席仲裁员组织仲裁庭对案件进行评议，裁决依多数仲裁员意见作出。少数仲裁员的不同意见可以记入笔录。

仲裁庭不能形成多数意见时，应当按照首席仲裁员的意见作出裁决。

第五十二条 裁决书应当写明仲裁请求、争议事实、裁决理由和依据、裁决结果、裁决日期，以及当事人不服仲裁裁决的起诉权利和期限。

裁决书由仲裁员签名，加盖仲裁委员会印章。

第五十三条 对裁决书中的文字、计算错误，或者裁决书中有遗漏的事项，仲裁庭应当及时补正。补正构成裁决书的一部分。

第五十四条 仲裁庭应当自受理仲裁申请之日起六十日内作出仲裁裁决。受理日期以受理通知书上记载的日期为准。

案情复杂需要延长的，经仲裁委员会主任批准可以延长，但延长期限不得超过三十日。

延长期限的，应当自作出延期决定之日起三个工作日内书面通知当事人、第三人。

期限不包括仲裁程序中止、鉴定、当事人在庭外自行和解、补充申请材料和补正裁决的时间。

第五十五条 仲裁委员会应当在裁决作出之日起三个工作日内将裁决书送达当事人、第三人。

直接送达的，应当告知当事人、第三人下列事项：

（一）不服仲裁裁决的，可以在收到裁决书之日起三十日内向人民法院起诉，逾期不起诉的，裁决书即发生法律效力；

（二）一方当事人不履行生效的裁决书所确定义务的，另一方当事人可以向被申请人住所地或者财产所在地的基层人民法院申请执行。

第五十六条 仲裁文书应当直接送达当事人或者其代理人。受送达人是自然人，但本人不在场的，由其同住成年家属签收；受送达人是法人或者其他组织的，应当由法人的法定代表人、其他组织的主要负责人或者该法人、组织负责收件的人签收。

仲裁文书送达后，由受送达人在送达回证上签名、盖章或者按指印，受送达人在送达回证上的签收日期为送达日期。

受送达人或者其同住成年家属拒绝接收仲裁文书的，可以留置送达。送达人应当邀请有关基层组织或者受送达人所在单位的代表到场，说明情况，在送达回证上记明拒收理由和日期，由送达人、见证人签名、盖章或者按指印，将仲裁文书留在受送达人的住所，即视为已经送达。

直接送达有困难的，可以邮寄送达。邮寄送达的，以当事人签收日期为送达日期。

当事人下落不明，或者以前款规定的送达方式无法送达的，可以公告送达，自发出公告之日起，经过六十日，即视为已经送达。

第六章　附　则

第五十七条　独任仲裁可以适用简易程序。简易程序的仲裁规则由仲裁委员会依照本规则制定。

第五十八条　期间包括法定期间和仲裁庭指定的期间。

期间以日、月、年计算，期间开始日不计算在期间内。

期间最后一日是法定节假日的，以法定节假日后的第一个工作日为期间的最后一日。

第五十九条　对不通晓当地通用语言文字的当事人、第三人，仲裁委员会应当为其提供翻译。

第六十条　仲裁文书格式由农业部、国家林业局共同制定。

第六十一条　农村土地承包经营纠纷仲裁不得向当事人收取费用，仲裁工作经费依法纳入财政预算予以保障。

当事人委托代理人、申请鉴定等发生的费用由当事人负担。

第六十二条　本规则自 2010 年 1 月 1 日起施行。

农村土地承包仲裁委员会示范章程

中华人民共和国农业部　国家林业局令

第一条　根据《中华人民共和国农村土地承包经营纠纷调解仲裁法》，制定本章程。

第二条　__________市/县/区农村土地承包仲裁委员会（以下简称本仲裁委员会）在__________市/县/区人民政府指导下依法组织设立，并报__________省（自治区、直辖市）人民政府农业、林业行政主管部门备案。

第三条　本仲裁委员会的职责：

（一）聘任、解聘仲裁员；

（二）培训、管理仲裁员；

（三）受理仲裁申请；

（四）指导、监督仲裁活动；

（五）法律法规规定的其他职责。

第四条　本仲裁委员会的日常工作由____________市/县/区__________【注：农村土地承包管理部门】承担，主要包括以下内容：

（一）登记、审查仲裁申请；

（二）监督管理仲裁程序；

（三）编制仲裁员名册；

（四）组织仲裁员培训；

（五）管理仲裁文书和仲裁档案；

（六）管理仲裁工作经费；

（七）仲裁委员会交办的其他事项。

本仲裁委员会办公地点设在______________。

第五条 本仲裁委员会由__________市/县/区人民政府及__________【注：有关部门】代表、__________【注：有关人民团体】代表、农村集体经济组织代表、农民代表和__________【注：法律、经济等相关专业】人员兼任组成，成员人数为__________人【注：总数为单数，其中农民代表和法律、经济等相关专业人员不少于二分之一】。

本仲裁委员会设主任一人、副主任__________【注：一至二】人，委员__________人。

第六条 本仲裁委员会组成人员的任期为__________【注：三至五】年。

仲裁委员会换届，应当在任期届满前一个月内完成；有特殊情况不能如期换届的，应当在任期届满后两个月内完成。

第七条 本仲裁委员会组成人员任期内因故更换的，由仲裁委员会组织重新确定人选。主任、副主任更换的，由本仲裁委员会全体会议选举决定。

第八条 本仲裁委员会每年召开__________【注：不少于一】次全体会议。根据主任、副主任或者三分之二以上组成人员提议，可以召开临时全体会议。全体会议由主任或者主任委托的副主任主持。

全体会议须有三分之二以上的成员出席方能举行，会议决议须经出席会议成员三分之二以上通过。

修改章程须经全体成员的三分之二以上通过。

第九条 全体会议主要负责议决以下事项：

（一）制定和修改仲裁委员会的章程、议事规则和规章制度；

（二）选举仲裁委员会主任、副主任；

（三）决定仲裁员的聘任、解聘和除名；

（四）仲裁委员会主任担任仲裁员的，决定主任的回避；

（五）审议仲裁委员会工作计划和年度工作报告；

（六）研究农村土地承包经营纠纷仲裁的重大事项；

（七）其他重要事项。

第十条 本仲裁委员会从公道正派，并符合下列条件之一的人员中选聘仲裁员，颁发聘书：

（一）从事农村土地承包管理工作满五年；

（二）从事法律工作或者人民调解工作满五年；

（三）在当地威信较高、熟悉农村土地承包法律以及国家政策的居民。

第十一条 本仲裁委员会定期组织仲裁员进行农村土地承包法律以及国家政策的培训。

第十二条 仲裁员聘期__________【注：一般为三】年，期满可以继续聘任。

第十三条 本仲裁委员会建立仲裁员考核制度，考核结果作为续聘或者解聘仲裁员的依据。

第十四条 本仲裁委员会的组成人员、仲裁员应当依法履行职责，遵纪守法，不得索贿受贿、徇私舞弊、枉法裁决，不得侵害当事人的合法权益。

第十五条 本仲裁委员会有权要求被选定或者被指定组成仲裁庭的仲裁员主动报告是否有回避情形。

第十六条 本仲裁委员会组成人员、仲裁员、记录人员、翻译人员等有保密义务，不得擅自对外界透露案件实体和仲裁程序进行的情况。

第十七条 仲裁员辞聘，应当提前三个月向本仲裁委员会提交辞呈。组成仲裁庭的仲裁员，在仲裁程序结束前不得辞聘。

第十八条 本仲裁委员会对有下列情形之一的仲裁员，予以解聘：

（一）故意隐瞒应当回避事实的；

（二）无正当理由故意不到庭审理案件的；

（三）连续两年考核不合格的；

（四）其他不宜继续担任仲裁员的。

第十九条 本仲裁委员会对有索贿受贿、徇私舞弊、枉法裁决以及接受当事人请客送礼等违法违纪行为的仲裁员，予以除名，且不再聘为仲裁员。

第二十条 本仲裁委员会不向当事人收取仲裁费用，工作经费依法纳入财政预算。

第二十一条 本章程经本仲裁委员会________年________月________日全体会议讨论通过，自________年________月________日起生效。

农业部、国家林业局关于印发《农村土地承包经营纠纷仲裁法律文书示范文本（试行）》的通知

（农经发〔2010〕7号）

各省、自治区、直辖市农业（农牧、农村经济）厅（局、委、办）、林业厅（局），新疆生产建设兵团农业（林业）局，内蒙古、吉林、龙江、大兴安岭森工（林业）集团公司：

为依法规范农村土地承包经营纠纷仲裁活动，根据《农村土地承包经营纠纷调解仲裁法》和《农村土地承包经营纠纷仲裁规则》，农业部、国家林业局制定了《农村土地承包经营纠纷仲裁法律文书示范文本（试行）》，现印发给你们，请指导农村土地承包仲裁委员会使用。

《农村土地承包经营纠纷仲裁法律文书示范文本（试行）》可从农业部网站、中国林业网下载打印。

附件：农村土地承包经营纠纷仲裁法律文书示范文本（试行）

二〇一〇年七月十五日

附　件：

农村土地承包经营纠纷仲裁法律文书示范文本（试行）

申　请　书　类

仲裁申请书

申 请 人

姓名：__________ 性别：__________ 年龄：__________

住所：__________ 邮编：__________ 电话：__________

代理人

姓名：__________ 性别：__________ 年龄：__________

住所：__________ 邮编：__________ 电话：__________

（法人或者其他组织）

名称：__________ 地址：____________________

法定代表人（主要负责人）姓名：____________________

职务：__________________电话：____________________

被申请人

姓名：__________性别：__________ 年龄：__________

住所：__________邮编：__________ 电话：__________

（法人或者其他组织）

名称：________ 地址：______________________________

法定代表人（主要负责人）姓名：____________________

职务：__________________电话：____________________

仲裁请求：____

____

事实和理由：________________________________

____

____

证据名称：______________证据来源：______________
证人姓名：______________联系方式：______________
附件：1. 申请书副本______份
2. 其他有关材料______份
3. 身份证复印件或户籍复印件

申请人：（签名、盖章或者按指印）
年　月　日

口头仲裁申请书

申 请 人
姓名：__________性别：__________ 年龄：__________
住所：__________邮编：__________ 电话：__________
代理人
姓名：__________ 性别：__________ 年龄：__________
住所：__________ 邮编：__________ 电话：__________
被申请人
姓名：__________ 性别：__________年龄：__________
住所：__________ 邮编：__________电话：__________
（法人或者其他组织）
名称：__________ 地址：____________________
法定代表人（主要负责人）姓名：____________________
职务：______________电话：______________

仲裁请求：____

____

事实和理由：______________________________________

____

证据名称：______________证据来源：________________

证人姓名：______________联系方式：________________

以上记录经本人核对，与口述一致。

附件：1. 申请书副本______份

2. 其他有关材料______份

3. 身份证复印件或户籍复印件

申请人：（签名、盖章或者按指印）

记录人：（签名、盖章）

年　月　日

第三人参加仲裁申请书

×××仲裁委员会：

你委受理的__________与__________纠纷一案，处理结果与我方有利害关系。为保障我方的合法权益，依照《农村土地承包经营纠纷调解仲裁法》第十九条和《农村土地承包经营纠纷仲裁规则》第九条规定，现向你委提出以本案第三人的身份参加本次仲裁活动。

理由：____

____

____

申请人

姓名：__________ 性别：__________ 年龄：____________

住所：__________ 邮编：__________ 电话：____________

代理人

姓名：__________ 性别：__________ 年龄：____________

住所：__________ 邮编：__________ 电话：____________

申请人：（签名、盖章或者按指印）

年 月 日

回避申请书

×××仲裁委员会：

你委受理的__________与__________纠纷一案，因组成仲裁庭的仲裁员________有下列情形之一，特申请其回避。

（ ）是本案当事人或者当事人、代理人的近亲属；

（ ）与本案有利害关系；

（ ）与本案当事人、代理人有其他关系，可能影响公正仲裁；

（ ）私自会见当事人、代理人，或者接受当事人、代理人请客送礼。

申请人：（签名、盖章或者按指印）

年 月 日

反请求申请书

反请求申请人

姓名：________ 住所：____________电话：____________

（法人或者其他组织）

名称：________________地址：_______________________

法定代表人（主要负责人）

姓名：______职务：__________电话：________________

反请求被申请人

姓名：______住所：____________电话：________________

（法人或者其他组织）

名称：________________地址：________________________

法定代表人（主要负责人）

姓名：______职务：__________电话：__________________

反请求事项：____

____

____

事实和理由：____

____

____

附件：有关证明材料

申请人：（签名、盖章或者按指印）

年　月　日

撤回仲裁申请书

×××仲裁委员会：

本人申请撤回____年____月____日向你委提请的________

______________________________________纠纷一案的仲裁申请。

理由：____

____

申请人：（签名、盖章或者按指印）

年　月　日

变更开庭时间(地点)申请书

×××仲裁委员会：

兹向你委提出变更______纠纷一案开庭时间(地点)申请，变更为______________。

理由：____

申请人：(签名、盖章或者按指印)

年　月　日

先行裁定申请书

×××仲裁委员会：

本人于___年___月___日就______纠纷一案向你委申请仲裁。根据《农村土地承包经营纠纷调解仲裁法》第四十二条规定，现申请先行裁定被申请人______________(维持现状、恢复农业生产以及停止取土、占地等破坏性行为)______________。

事实和理由：____

申请人：(签名、盖章或者按指印)

年　月　日

财产保全申请书

×××仲裁委员会：

本人于____年____月____日就________________纠纷一案向你委申请仲裁，现有证据证明因________（有损毁、隐匿、转移、挥霍、出卖仲裁标的物等行为），使仲裁标的物无法保存，可能导致将来的裁决不能执行或者难以执行，根据《农村土地承包经营纠纷调解仲裁法》第二十六条和《农村土地承包经营纠纷仲裁规则》第二十条规定，现申请财产保全。如果因财产保全错误造成损失，由我方负责赔偿。

申请人：（签名、盖章或者按指印）

年　月　日

证据保全申请书

×××仲裁委员会：

本人于____年____月____日就________________纠纷一案向你委申请仲裁。为确保证据完好，保证仲裁活动顺利进行，根据《农村土地承包经营纠纷调解仲裁法》第四十一条规定，现申请证据保全。

请求事项：____

____

____

____

____

事实和理由：______________________________________

____

____

____

申请人：（签名、盖章或者按指印）

年　月　日

通　知　书　类

受理通知书（送申请人）

×××农仲案〔×××〕第×××号

（申请人）：

你提交的仲裁申请书已收到。经审查，仲裁申请符合《农村土地承包经营纠纷调解仲裁法》第二十条规定，本委予以受理。现将仲裁规则、仲裁员名册、选定仲裁员通知书和授权委托书送你。请自收到该通知书之日起五个工作日内，选定仲裁员，并将选定仲裁员通知书送本委。如委托代理人，应填写由你签名或者盖章的授权委托书，授权委托书须记明委托事项和权限，于____年____月____日前提交本委。

年　月　日

（仲裁委员会盖章）

受理通知书（送被申请人）

×××农仲案〔×××〕第×××号

（被申请人）：

申请人______与你_______________纠纷一案，本委已受理。现将仲裁申请书副本、仲裁规则、仲裁员名册、选定仲裁员通知书和授权委托书送你。请自收到该通知书之日起五个工作日内，选定仲裁员，将选定仲裁员通知书送本委，并于十日内向本委提交答辩书。如委托代理人，应填写由你签名或者盖章的授权委托书，授权委托书须记明委托事项和权限，于____年____月____日前提交本委。

年　月　日

（仲裁委员会盖章）

选定仲裁员通知书

×××仲裁委员会：

根据《农村土地承包经营纠纷调解仲裁法》和《农村土地承包经营纠纷仲裁规则》相关规定：

1. 我方在《仲裁员名册》中选定__________为仲裁员；选定________为首席仲裁员。

2. （　　）我方委托仲裁委员会主任指定仲裁员；

3. （　　）我方委托仲裁委员会主任指定首席仲裁员。

申请人(被申请人)：（签名、盖章或者按指印）

年　月　日

说明：如委托仲裁委员会主任指定仲裁员或首席仲裁员，请在相应的选择项前的括号内打"√"确认。

仲裁员回避通知书

×××农仲案〔×××〕第×××号

（申请人、被申请人）：

依据《农村土地承包经营纠纷调解仲裁法》第二十八条和《农

村土地承包经营纠纷仲裁规则》第二十四条规定，经审查，仲裁员__________确有必须回避的情形，本委决定其回避。

请(选定该仲裁员的当事人)按照《农村土地承包经营纠纷仲裁规则》第二十二条规定于____工作日内重新选定仲裁员。

年　月　日

(仲裁委员会盖章)

决定不予回避的，修改为：

(提出申请的当事人)：

你提交的回避申请书收到。经审查，仲裁员______不具备《农村土地承包经营纠纷调解仲裁法》第二十八条规定的必须回避情形，本委决定其继续参加该案的审理和裁决。

年　月　日

(仲裁委员会盖章)

不予受理通知书

×××农仲案〔×××〕第×××号

(申请人)：

你提交的仲裁申请书已收到。经审查，该仲裁申请属于《农村土地承包经营纠纷调解仲裁法》第二十二条规定的情形，本委决定不予受理。

理由：____

____

____

年　月　日

(仲裁委员会盖章)

仲裁答辩书

答 辩 人

姓名：________ 性别：________ 年龄：______________

住所：________ 邮编：________ 电话：______________

（法人或者其他组织）

名称：________ 地址：______________________________

法定代表人（主要负责人）姓名：______________________

职务：________________电话：______________________

现就申请人__________ 与我______________ 纠纷一案，提出答辩意见如下：____

____

____

事实和理由：____

____

附件：1. 答辩书副本____份；

2. 证据清单；

3. 证人情况。

答辩人：（签名、盖章或者按指印）

年　月　日

证据材料清单

编号	证据名称	证据种类	证据来源	原件/复印件

证人情况

编 号	姓 名	住　址	联系方式

第三人参加仲裁通知书

×××农仲案〔×××〕第×××号

（第三人）：

你于____年____月____日提交的参加仲裁申请书已收到。经审查，同意你作为第三人参加仲裁活动。

如委托代理人，应填写由你签名或者盖章的授权委托书，授权委托书须记明委托事项和权限，于___年___月___日前提交本委。

年　月　日

（仲裁委员会盖章）

说明：如果不同意参加仲裁活动，修改为：

你于____年__月__日提交的参加仲裁申请书已收到。经审查，不符合参加仲裁的条件，不同意你作为第三人参加仲裁活动。

理由：____

____

____

年 月 日

（仲裁委员会盖章）

开庭通知书

×××农仲案〔×××〕第×××号

（当事人、第三人、其他参与人）：

本委定于______年__月__日__时__分在_________开庭审理________与________纠纷一案。请准时出庭，并携带身份证或者户口簿原件。

年 月 日

（仲裁委员会盖章）

证人出庭通知书

×××农仲案〔×××〕第×××号

（证人）：

______与________纠纷一案，________向本委提出申请，由你作为本案证人出庭作证，本委已准许。请你于____年____月____日____时____分到_________出庭作证。

年 月 日

（仲裁委员会盖章）

变更开庭时间（地点）通知书

××× 农仲案〔×××〕第 ××× 号

（当事人、第三人、其他参与人）：

________ 于____年____月____日向仲裁庭提出变更开庭时间（地点）申请。依照《农村土地承包经营纠纷调解仲裁法》和《农村土地承包经营纠纷仲裁规则》有关规定，经审查，仲裁庭同意其变更开庭时间（地点）的请求，开庭时间（地点）变更为____。

年　月　日

（仲裁委员会盖章）

不同意变更请求修改为：

（提出变更申请的当事人）：

你于____年____月____日向仲裁庭提出变更开庭时间（地点）申请，依照《农村土地承包经营纠纷调解仲裁法》和《农村土地承包经营纠纷仲裁规则》有关规定，经审查，仲裁庭不同意你提出的变更开庭时间（地点）请求，请按照原定开庭时间、地点准时出庭。

仲裁程序终结通知书

××× 农仲案〔×××〕第 ××× 号

（当事人、第三人）：

本委受理的________与________________________纠纷一案，依照《农村土地承包经营纠纷调解仲裁法》和《农村土地承包经营纠纷仲裁规则》有关规定，决定____年____月____日起终结仲裁程序，本案不再进行审理。

理由：____

____

____

年　月　日

（仲裁委员会盖章）

仲裁程序中止通知书

×××农仲案〔×××〕第×××号

（当事人、第三人）：

本委受理的________与________________纠纷一案，经审理，因________________________________，依照《农村土地承包经营纠纷仲裁规则》第四十九条规定，决定中止仲裁程序。仲裁程序中止原因消除后，本委将通知你们恢复仲裁程序。

年　月　日

（仲裁委员会盖章）

仲裁程序恢复通知书

×××农仲案〔×××〕第×××号

（当事人、第三人）：

本委受理的________与__________________纠纷一案，仲裁程序中止原因已消除，自____年____月____日起恢复仲裁程序，请于____年____月____日到仲裁庭继续参加仲裁活动。

年　月　日

（仲裁委员会盖章）

仲裁延期通知书

×××农仲案〔×××〕第×××号

（当事人、第三人）：

本委受理的____________与______________纠纷一案，根据《农村土地承包经营纠纷调解仲裁法》第四十七条和《农村土地承包经营纠纷仲裁规则》第五十四条规定，经仲裁委员会主任批准，决定仲裁期限延长______日。

年 月 日

（仲裁委员会盖章）

裁决（定）书类

仲裁裁决书

×××农仲案〔×××〕第×××号

申请人

姓名：______ 性别：______ 身份证号码：____________

住所：______ 邮编：______ 电 话：____________

（法人或者其他组织）

名称：________ 地址：________________________________

法定代表人（主要负责人）姓名：_______________________

职务：___________________电话：_______________________

代理人

姓名：________ 性别：________ 电话：______________

被申请人

姓名：______性别：______ 身份证号码：________________

住所：____________ 邮编：______ 电　话：____________

（法人或者其他组织）

名称：________ 地址：________________________________

法定代表人（主要负责人）姓名：________________________

职务：___________________电话：________________________

代理人

姓名：______ 性别：________ 电　　　话：____________

第 三 人（其他参与人）

姓名：______ 性别：________ 身份证号码：____________

住所：______ 邮编：________ 电　　　话：____________

（法人或者其他组织）

名称：________ 地址：________________________________

法定代表人（主要负责人）姓名：________________________

职务：_______________电话：________________________

代理人

姓名：________ 性别：________ 电话：____________

申请人×××为与被申请人×××（写明案由）一案，向本委申请仲裁。本委受理后，依法组成仲裁庭（或依法由仲裁员×××独任仲裁），于××年××月××日开庭审理了此案。申请人×××（及委托代理人，下同）与被申请人×××和第三人×××到庭参加仲裁活动。当事人陈述了己方的观点，分别对对方提出的证据予以质证并进行了辩论，同时还回答了仲裁庭的提问（经仲裁委员会讨论的，要写明）。本案现已审理终结。

申请人×××称：……（概述申请人提出的具体仲裁请求和所根据的事实与理由）。

在举证期限内，申请人×××为了证明其主张的事实，提供了如下证据：

××（证据名称，有的要加上日期），证明……（拟证事实）；

被申请人×××辨称：……（概述被申请人答辩的主要内容）。

第三人×××辨称：……（概述第三人的主要意见）。

在举证期限内，被申请人提供了如下证据：

××（证据名称，有的要加上日期），证明……（拟证事实）；

申请人×××辨称：……（概述申请人答辩的主要内容）。

第三人×××称：……（概述第三人的主要意见）。在举证期限内，第三人提供了如下证据：

××（证据名称，有的要加上日期），证明……（拟证事实）；

申请人×××辨称：……（概述申请人答辩的主要内容）。

被申请人×××辨称：……（概述被申请人答辩的主要内容）。经庭审质证，对各方提供的证据认定如下：……（概述申请人、被申请人、第三人相互质证的情况和仲裁庭认定的结论。可分组或逐项质证和认定）。

仲裁庭经审理查明，……（写明仲裁庭认定的事实）。

综上所述，……（前段内容较多时，可简要概括）。

本庭认为：……（写明仲裁庭认定事实）

依照……（写明裁决所依据的法律条款）的规定裁决如下：

根据《农村土地承包经营纠纷调解仲裁法》第四十八条规定，当事人不服仲裁裁决的，可以自收到裁决书之日起三十日内向人民法院起诉。逾期不起诉的，裁决书即发生法律效力。

首席仲裁员

仲　裁　员（签名）

仲　裁　员

年　月　日

（仲裁委员会盖章）

仲裁调解书

×××农仲案〔×××〕第×××号

申请人________ 与被申请人______ 就__________纠纷一案，申请人提出____(写明申请人的具体仲裁请求)________。

本委受理后，依法组成仲裁庭审理此案。仲裁庭在双方当事人自愿的基础上进行调解，双方当事人自愿达成以下协议：____

____

____

____

______。

本调解书经双方当事人签收发生法律效力，一方当事人逾期不履行的，另一方当事人可以向被申请人住所地或者财产所在地的基层人民法院申请执行。

申请人：(签名、盖章或者按指印)

被申请人：(签名、盖章或者按指印)

首席仲裁员

仲　裁　员(签名)

仲　裁　员

年　月　日

(仲裁委员会盖章)

裁决补正书

×××农仲案〔×××〕第×××号

本庭____年____月____日对________________纠纷一案作出的仲裁裁决(×××农仲案〔×××〕第×××号)中，因_____(文字、计算错误或者遗漏事项)________，现补正如下：____

____

____

____

______________。

本裁决补正书是裁决书的一部分，具有与裁决书同等法律效力。

首席仲裁员

仲　裁　员（签名）

仲　裁　员

年　月　日

（仲裁委员会盖章）

先行裁定书

×××农仲案〔×××〕第×××号

（申请人、被申请人）：

申请人______于____年____月____日向本庭提出先行裁定申请，申请______（写明请求的具体内容）______

____

____。

依照《农村土地承包经营纠纷调解仲裁法》第四十二条和《农村土地承包经营纠纷仲裁规则》第四十七条规定，本庭裁定如下：

____

______（写明先行裁定的内容、时间和方式）______

____。

如被申请人不履行本裁定，申请人可以向人民法院申请执行，但应当提供相应的担保。

首席仲裁员
仲　裁　员（签名）
仲　裁　员
年　月　日
（仲裁委员会盖章）

准许撤回仲裁申请裁定书

×××农仲案〔×××〕第×××号

（申 请 人、被申请人、第 三 人）：

申请人____ 于____年____月____日就____________________纠纷一案提出撤诉申请。依照《农村土地承包经营纠纷调解仲裁法》和《农村土地承包经营纠纷仲裁规则》有关规定，准许其撤回仲裁申请，仲裁程序终结，本案不再审理。

年　月　日
（仲裁委员会盖章）

内部文书类

卷宗封面

<table>
<tr><td colspan="2">×××省（自治区、直辖市）×××县（市、区）农村土地承包经营纠纷仲裁案件
卷　　宗</td></tr>
<tr><td colspan="2">案件编号：</td></tr>
<tr><td>案由</td><td></td></tr>
<tr><td>处理
结果</td><td></td></tr>
</table>

（续表）

<table>
<tr><td rowspan="3">当事人</td><td>申请人</td><td colspan="3"></td></tr>
<tr><td>被申请人</td><td colspan="3"></td></tr>
<tr><td>第三人</td><td colspan="3"></td></tr>
<tr><td colspan="2">首席仲裁员</td><td>仲裁员</td><td>仲裁员</td><td>书记员</td></tr>
<tr><td colspan="2"></td><td></td><td></td><td></td></tr>
<tr><td colspan="2">立案日期</td><td>年　月　日</td><td>结案日期</td><td>年　月　日</td></tr>
<tr><td colspan="2">归档日期</td><td>年　月　日</td><td>归档号数</td><td></td></tr>
</table>

卷内备考表

本卷情况说明 立卷人： 检查人： 立卷时间：

案卷目录

序号	文书名称	日期	承办人	页码

立案审批表

申 请 人	
被申请人	
第 三 人	
案情 摘要	
接案人意见	（签名） 年 月 日
仲裁委员会 审批意见	（盖章） 年 月 日
备 注	

延期审批表

案号	×××农仲案〔×××〕第×××号		
申 请 人		委托代理人	
被申请人		委托代理人	
第 三 人		委托代理人	
延 期 理 由	（首席仲裁员签名） 年 月 日		
仲裁委员会主任意见	（主任签名）		
备 注	年 月 日		

调查取证笔录

×××农仲案〔×××〕第×××号

时间：________________ 地点：____________________

调查人：______________记录人：____________________

被调查人

姓名：__________ 性别：________ 年龄：________

工作单位：____________________职务：______________

住　　址：____________联系电话：____________________

调查内容：	
被调查人：（签名、盖章或者按指印） （注：被调查人首页签名、盖章或者按指印，其他各页均应按指印）	

开庭笔录（含调解笔录）

时　间：____年____月____日____时____分

地　点：______________________________

首席仲裁员：请书记员查明当事人、代理人及相关人员是否到庭。

书记员：报告首席仲裁员，申请人、被申请人、代理人及相关人员均已到庭，身份已核实无误，仲裁庭准备工作就绪，可以开庭，报告完毕。

首席仲裁员：请书记员宣布仲裁庭纪律。

书记员：（宣布仲裁庭纪律）。

首席仲裁员：根据《农村土地承包法》和《农村土地承包经营纠纷调解仲裁法》等法律法规和国家政策规定，本庭依法对申请人提请的土地承包纠纷一案进行开庭审理并作出仲裁裁决。

首席仲裁员：（宣布开庭、仲裁庭组成情况）。

首席仲裁员：向当事人及第三人询问是否申请回避。

答：……

首席仲裁员：告知当事人及参与人的权利和义务。

答：……

首席仲裁员：现在进行庭审调查。当事人应对申请书的申请内容进行发言、询问和举证，不得起哄、诱证和进行人身攻击。

首席仲裁员：下面请申请人宣读申请书。

申请人宣读申请书……

首席仲裁员：申请人，你是否还有补充的。

答：……

首席仲裁员：下面请被申请人进行答辩。

被申请人答辩……

首席仲裁员：下面由委托代理人提问。

代理人提问……

首席仲裁员：下面进行举证质证。

首席仲裁员：举证完毕，下面进行辩论。

申请人发言：

申请人委托代理人发表意见：

被申请人发言：

被申请人委托代理人发表意见：

第三人发言：

第三人委托代理人发表意见：

首席仲裁员：下面由当事人进行最后陈述。

申请人：

被申请人：

第三人：

首席仲裁员：下面进行调解。当事人，你们是否同意调解？（调解过程）

首席仲裁员：现在休庭。（仲裁庭进行合议，作出裁决）。

注：庭审结束后，由当事人、第三人和其他参与人对庭审笔录进行确认。确认无误后，仲裁员、记录人员、当事人、第三人和其他参与人签名、盖章或者按指印。

其他类

代表人身份证明书

×××仲裁委员会：

兹推选______作为我方参加________诉________纠纷仲裁活动的代表人，其参加仲裁活动的行为，对全体推选人发生效力。

特此证明。

推选人：（签名、盖章或者按指印）

年　月　日

附：代表人情况

姓名	性别	住址邮编	电话

授权委托书

×××仲裁委员会：

兹委托______作为我方代理人，参加______ 纠纷仲裁活动。其代理权限为(请在以下权限中选择，可多选)：

(　　)提出、承认、变更、撤回、放弃仲裁请求；

(　　)进行答辩，提出、承认、变更、撤回、放弃仲裁反请求；

(　　)约定仲裁庭组成方式、选定仲裁员；

(　　)参加开庭审理、陈述事实及代理意见并参加调查、质证活动；

(　　)接受调解、和解；

(　　) 其他______(请注明)____________________。

代理人工作单位：________________________

职务：________________ 联系电话：________________

委托人：(签名、盖章或者按指印)

年　月　日

委托鉴定函

×××农仲案〔×××〕第×××号

（鉴定单位名称）：

我委审理的__________与____________________纠纷一案，现委托贵单位对______材料进行鉴定。请于____年____月____日前将鉴定结果回复我委，送去的鉴定材料，也请一并退还。

鉴定事项：____

年　月　日

（仲裁委员会盖章）

仲裁委员会地址：_______________　邮　　编：___________

联 系 人：_______________　联系电话：___________

财产保全移送函

×××农仲案〔×××〕第×××号

×××人民法院：

我委受理的______与___________________纠纷一案，______当事人______提出财产保全申请，依照《农村土地承包经营纠纷调解仲裁法》第二十六条规定，现将该申请提交你院。

年　月　日

（仲裁委员会盖章）

证据保全移送函

××× 农仲案〔×××〕第×××号

×××人民法院：

我委受理的______与__________________纠纷一案，当事人______提出证据保全申请，依照《农村土地承包经营纠纷调解仲裁法》第四十一条规定，现将该申请提交你院。

年　月　日

（仲裁委员会盖章）

送达回证

受送达人	文书名称	份 数	送达地点	送达日期	受送达人签名（盖章或按指印）
送达人					
备注：					
注：1. 受送达人是自然人，但本人不在场的，由其同住成年家属签收；受送达人是法人或者其他组织的，应当由法人的法定代表人、其他组织的主要负责人或者该法人、组织负责收件的人签收。 2. 留置送达的，应在“备注”栏内记明拒收理由和日期，由送达人、见证人签名、盖章或者按指印，将仲裁文书留在受送达人住所。					

仲裁裁决(调解)执行申请书

×××人民法院：

我与＿＿＿＿＿＿＿＿＿＿纠纷一案已由×××仲裁委员会作出裁决(调解)(×××农仲案〔×××〕第×××号)，因被申请人逾期未履行裁决书(调解书)中规定的义务，根据《民事诉讼法》和《农村土地承包经营纠纷调解仲裁法》有关规定，申请贵院予以执行。

申请执行事项：＿＿＿＿＿＿＿＿＿＿＿＿＿＿＿＿＿＿＿＿

＿＿＿＿＿＿＿＿＿＿＿＿＿＿＿＿＿＿＿＿＿＿＿＿＿＿＿＿

＿＿＿＿＿＿＿＿＿＿＿＿＿＿＿＿＿＿＿＿＿＿＿＿＿＿＿＿

＿＿＿＿＿＿＿＿＿＿＿＿＿＿＿＿＿＿＿。

被申请人

姓名：＿＿＿＿＿性别：＿＿＿＿＿ 年龄：＿＿＿＿＿

住所：＿＿＿＿＿邮编：＿＿＿＿＿ 电话：＿＿＿＿＿

(法人或者其他组织)

名称：＿＿＿＿＿ 地址：＿＿＿＿＿＿＿＿＿＿＿＿＿

法定代表人(主要负责人)姓名：＿＿＿＿＿＿＿＿＿＿

职务：＿＿＿＿＿＿＿电话：＿＿＿＿＿＿＿＿＿＿

附件：裁决书(调解书)

申请人：(签名、盖章或者按指印)

年　月　日

发布部门：农业部/国家林业局　发布日期：2010年07月15日

实施日期：2010年07月15日　(中央法规)

中共中央　国务院关于
全面推进集体林权制度改革的意见

中发〔2008〕10号

新中国成立后，特别是改革开放以来，我国集体林业建设取得了较大成效，对经济社会发展和生态建设作出了重要贡献。集体林权制度虽经数次变革，但产权不明晰、经营主体不落实、经营机制不灵活、利益分配不合理等问题仍普遍存在，制约了林业的发展。为进一步解放和发展林业生产力，发展现代林业，增加农民收入，建设生态文明，现就全面推进集体林权制度改革提出如下意见。

一、充分认识集体林权制度改革的重大意义

（一）集体林权制度改革是稳定和完善农村基本经营制度的必然要求。集体林地是国家重要的土地资源，是林业重要的生产要素，是农民重要的生活保障。实行集体林权制度改革，把集体林地经营权和林木所有权落实到农户，确立农民的经营主体地位，是将农村家庭承包经营制度从耕地向林地的拓展和延伸，是对农村土地经营制度的丰富和完善，必将进一步解放和发展农村生产力。

（二）集体林权制度改革是促进农民就业增收的战略举措。林

业产业链条长，市场需求大，就业空间广。实行集体林权制度改革，让农民获得重要的生产资料，激发农民发展林业生产经营的积极性，有利于促进农民特别是山区农民脱贫致富，破解“三农”问题，推进社会主义新农村建设。

（三）集体林权制度改革是建设生态文明的重要内容。建设生态文明、维护生态安全是林业发展的首要任务。实行集体林权制度改革，建立责权利明晰的林业经营制度，有利于调动广大农民造林育林的积极性和爱林护林的自觉性，增加森林数量，提升森林质量，增强森林生态功能和应对气候变化的能力，繁荣生态文化，促进人与自然和谐，推动经济社会可持续发展。

（四）集体林权制度改革是推进现代林业发展的强大动力。林业是国民经济和社会发展的重要公益事业和基础产业。实行集体林权制度改革，培育林业发展的市场主体，发挥市场在林业生产要素配置中的基础性作用，有利于发挥林业的生态、经济、社会和文化等多种功能，满足社会对林业的多样化需求，促进现代林业发展。

二、集体林权制度改革的指导思想、基本原则和总体目标

（五）指导思想。全面贯彻党的十七大精神，高举中国特色社会主义伟大旗帜，以邓小平理论和“三个代表”重要思想为指导，深入贯彻落实科学发展观，大力实施以生态建设为主的林业发展战略，不断创新集体林业经营的体制机制，依法明晰产权、放活经营、规范流转、减轻税费，进一步解放和发展林业生产力，促进传统林业向现代林业转变，为建设社会主义新农村和构建社会主义和谐社会作出贡献。

（六）基本原则。坚持农村基本经营制度，确保农民平等享有集体林地承包经营权；坚持统筹兼顾各方利益，确保农民得实

惠、生态受保护；坚持尊重农民意愿，确保农民的知情权、参与权、决策权；坚持依法办事，确保改革规范有序；坚持分类指导，确保改革符合实际。

（七）总体目标。用 5 年左右时间，基本完成明晰产权、承包到户的改革任务。在此基础上，通过深化改革，完善政策，健全服务，规范管理，逐步形成集体林业的良性发展机制，实现资源增长、农民增收、生态良好、林区和谐的目标。

三、明确集体林权制度改革的主要任务

（八）明晰产权。在坚持集体林地所有权不变的前提下，依法将林地承包经营权和林木所有权，通过家庭承包方式落实到本集体经济组织的农户，确立农民作为林地承包经营权人的主体地位。对不宜实行家庭承包经营的林地，依法经本集体经济组织成员同意，可以通过均股、均利等其他方式落实产权。村集体经济组织可保留少量的集体林地，由本集体经济组织依法实行民主经营管理。

林地的承包期为 70 年。承包期届满，可以按照国家有关规定继续承包。已经承包到户或流转的集体林地，符合法律规定、承包或流转合同规范的，要予以维护；承包或流转合同不规范的，要予以完善；不符合法律规定的，要依法纠正。对权属有争议的林地、林木，要依法调处，纠纷解决后再落实经营主体。自留山由农户长期无偿使用，不得强行收回，不得随意调整。承包方案必须依法经本集体经济组织成员同意。

自然保护区、森林公园、风景名胜区、河道湖泊等管理机构和国有林（农）场、垦殖场等单位经营管理的集体林地、林木，要明晰权属关系，依法维护经营管理区的稳定和林权权利人的合法权益。

（九）勘界发证。明确承包关系后，要依法进行实地勘界、登

记，核发全国统一式样的林权证，做到林权登记内容齐全规范，数据准确无误，图、表、册一致，人、地、证相符。各级林业主管部门应明确专门的林权管理机构，承办同级人民政府交办的林权登记造册、核发证书、档案管理、流转管理、林地承包争议仲裁、林权纠纷调处等工作。

（十）放活经营权。实行商品林、公益林分类经营管理。依法把立地条件好、采伐和经营利用不会对生态平衡和生物多样性造成危害区域的森林和林木，划定为商品林；把生态区位重要或生态脆弱区域的森林和林木，划定为公益林。对商品林，农民可依法自主决定经营方向和经营模式，生产的木材自主销售。对公益林，在不破坏生态功能的前提下，可依法合理利用林地资源，开发林下种养业，利用森林景观发展森林旅游业等。

（十一）落实处置权。在不改变林地用途的前提下，林地承包经营权人可依法对拥有的林地承包经营权和林木所有权进行转包、出租、转让、入股、抵押或作为出资、合作条件，对其承包的林地、林木可依法开发利用。

（十二）保障收益权。农户承包经营林地的收益，归农户所有。征收集体所有的林地，要依法足额支付林地补偿费、安置补助费、地上附着物和林木的补偿费等费用，安排被征林地农民的社会保障费用。经政府划定的公益林，已承包到农户的，森林生态效益补偿要落实到户；未承包到农户的，要确定管护主体，明确管护责任，森林生态效益补偿要落实到本集体经济组织的农户。严格禁止乱收费、乱摊派。

（十三）落实责任。承包集体林地，要签订书面承包合同，合同中要明确规定并落实承包方、发包方的造林育林、保护管理、森林防火、病虫害防治等责任，促进森林资源可持续经营。基层林业主管部门要加强对承包合同的规范化管理。

四、完善集体林权制度改革的政策措施

（十四）完善林木采伐管理机制。编制森林经营方案，改革商品林采伐限额管理，实行林木采伐审批公示制度，简化审批程序，提供便捷服务。严格控制公益林采伐，依法进行抚育和更新性质的采伐，合理控制采伐方式和强度。

（十五）规范林地、林木流转。在依法、自愿、有偿的前提下，林地承包经营权人可采取多种方式流转林地经营权和林木所有权。流转期限不得超过承包期的剩余期限，流转后不得改变林地用途。集体统一经营管理的林地经营权和林木所有权的流转，要在本集体经济组织内提前公示，依法经本集体经济组织成员同意，收益应纳入农村集体财务管理，用于本集体经济组织内部成员分配和公益事业。

加快林地、林木流转制度建设，建立健全产权交易平台，加强流转管理，依法规范流转，保障公平交易，防止农民失山失地。加强森林资源资产评估管理，加快建立森林资源资产评估师制度和评估制度，规范评估行为，维护交易各方合法权益。

（十六）建立支持集体林业发展的公共财政制度。各级政府要建立和完善森林生态效益补偿基金制度，按照“谁开发谁保护、谁受益谁补偿”的原则，多渠道筹集公益林补偿基金，逐步提高中央和地方财政对森林生态效益的补偿标准。建立造林、抚育、保护、管理投入补贴制度，对森林防火、病虫害防治、林木良种、沼气建设给予补贴，对森林抚育、木本粮油、生物质能源林、珍贵树种及大径材培育给予扶持。改革育林基金管理办法，逐步降低育林基金征收比例，规范用途，各级政府要将林业部门行政事业经费纳入财政预算。森林防火、病虫害防治以及林业行政执法体系等方面的基础设施建设要纳入各级政府基本建设规划，林区的交通、供水、供电、通信等基础设施建设要依法纳入

相关行业的发展规划，特别是要加大对偏远山区、沙区和少数民族地区林业基础设施的投入。集体林权制度改革工作经费，主要由地方财政承担，中央财政给予适当补助。对财政困难的县乡，中央和省级财政要加大转移支付力度。

（十七）推进林业投融资改革。金融机构要开发适合林业特点的信贷产品，拓宽林业融资渠道。加大林业信贷投放，完善林业贷款财政贴息政策，大力发展对林业的小额贷款。完善林业信贷担保方式，健全林权抵押贷款制度。加快建立政策性森林保险制度，提高农户抵御自然灾害的能力。妥善处理农村林业债务。

（十八）加强林业社会化服务。扶持发展林业专业合作组织，培育一批辐射面广、带动力强的龙头企业，促进林业规模化、标准化、集约化经营。发展林业专业协会，充分发挥政策咨询、信息服务、科技推广、行业自律等作用。引导和规范森林资源资产评估、森林经营方案编制等中介服务健康发展。

五、加强对集体林权制度改革的组织领导

（十九）高度重视集体林权制度改革。各级党委、政府要把集体林权制度改革作为一件大事来抓，摆上重要位置，精心组织，周密安排，因势利导，确保改革扎实推进。要实行主要领导负责制，层层落实领导责任。建立县（市）直接领导、乡镇组织实施、村组具体操作、部门搞好服务的工作机制，充分发挥农村基层党组织的作用。改革方案的制定要依照法律、尊重民意、因地制宜，改革的内容和具体操作程序要公开、公平、公正。在坚持改革基本原则的前提下，鼓励各地积极探索，确保改革符合实际、取得实效。要加强对领导干部、林改工作人员包括农村基层干部的培训，强化调度、统计、检查、督导和档案管理工作。要严肃工作纪律，党员干部特别是各级领导干部，要以身作则，决不允许借改革之机，为本人和亲友谋取私利。要健全纠纷调处工作机

制，妥善解决林权纠纷，及时化解矛盾，维护农村稳定。

（二十）切实加强和改进林业管理。各级林业主管部门要适应改革新形势，进一步转变职能，加强林业宏观管理、公共服务、行政执法和监督。要深入调查研究，认真总结经验，加强工作指导，改进服务方式。推行林业综合行政执法，严厉打击破坏森林资源的违法行为。要加强森林防火、病虫害防治等公共服务体系建设，健全政府主导、群防群治的森林防火、防病虫害、防乱砍滥伐的工作机制。建立科技推广激励机制，加大培训力度，实施林业科技入户工程。加强基层林业工作机构建设，乡镇林业工作站经费纳入地方财政预算。

（二十一）努力形成各方面支持改革的合力。集体林权制度改革涉及面广、政策性强。各有关部门要各司其职，密切配合，通力协作，积极参与改革，主动支持改革。各群众团体和社会组织要发挥各自作用，为推进集体林权制度改革贡献力量。加强舆论宣传，努力营造有利于集体林权制度改革的社会氛围。

集体林权制度改革是农村生产关系的重大变革，事关全局、影响深远。我们要紧密团结在以胡锦涛同志为总书记的党中央周围，高举中国特色社会主义伟大旗帜，以邓小平理论和“三个代表”重要思想为指导，深入贯彻落实科学发展观，解放思想，坚定信心，开拓进取，扎实推进集体林权制度改革，为夺取全面建设小康社会新胜利作出新的贡献。

国家林业局　国家档案局令

第 33 号

《集体林权制度改革档案管理办法》已经国家林业局局务会议审议通过，并经国家档案局同意，现予公布，自 2013 年 6 月 22 日起施行。

国家林业局局长　赵树丛
国家档案局局长　杨冬权
2013 年 5 月 2 日

集体林权制度改革档案管理办法

第一条　为了加强和规范集体林权制度改革档案工作，有效保护和利用集体林权制度改革档案，根据《森林法》和《档案法》等有关法律法规，制定本办法。

第二条　本办法所称集体林权制度改革档案是指在集体林权制度改革(以下简称林改)中形成的对国家和社会有保存价值的文字、图表、声像、数据等各种形式或者载体文件材料的总称，是林改的重要成果和历史记录。

第三条　本办法所称林改档案工作是指林改档案的收集、整理、鉴定、保管、编研、利用等工作。

第四条 林改档案工作坚持统一领导、分级管理、集中保管、同步进行、规范运作的原则。

林改档案工作应当与林改工作同步进行和检查验收，并作为评价林改效果的重要依据。

第五条 县级以上林业行政主管部门和档案行政管理部门负责本级林改档案工作，并对本行政区域内的林改档案工作实行监督、指导、检查和验收。

县级以上林业行政主管部门应当设立或者明确林改档案管理机构，配备专职人员，按照《森林法》和《森林法实施条例》等有关规定管理林改档案。

第六条 林改档案管理机构应当履行下列工作职责：

（一）贯彻执行国家档案工作的有关法律、法规和方针、政策；

（二）按照有关规范和标准，制定林改档案管理制度和工作标准；

（三）指导林改文件材料的登记、积累和归档工作；

（四）负责林改档案的收集、整理、鉴定、编目、统计等工作；

（五）掌握所保管的林改档案情况，依法提供利用；

（六）负责组织林改档案工作人员培训；

（七）按照国家法律法规以及有关规定，做好林改档案的保管和移交工作。

第七条 县级以上林业行政主管部门应当建立、健全林改文件材料的收集、整理、归档制度，确保林改档案资料的齐全、完整、真实、有效。

县级林业行政主管部门、乡（镇）林业工作站和集体经济组织应当将林改文件材料的收集、整理、归档纳入工作计划。

第八条 林改档案作为文书档案进行管理，按照档案国家标准《文书档案案卷格式》(GB/T9705－88)和档案行业标准《归档文件整理规则》(DA/T22－2000)等有关标准的要求进行整理，并在次年的上半年完成立卷归档工作。

第九条 产生文件材料较多的机关、单位或者组织，应当将林改档案分为大类和属类进行管理。

林改档案大类和属类设定可以参照《集体林权制度改革文件材料归档范围及保管期限表》执行。

第十条 确权和林权登记类中有关确认森林、林木、林地权属、实地勘界、登记和林权证审核发放等文件材料，应当以农户或者宗地为单元，进行整理、归档和管理。

第十一条 林改工作人员应当及时收集在林改中形成的各类文件材料，并交由林改档案管理机构整理、保管和提供利用。

林改工作人员在工作调离前，应当将个人掌握的林改文件材料，按照相关要求整理后移交给林改档案管理机构，不得拒绝移交、销毁或者擅自带离。

第十二条 林改档案保管期限分为永久和定期。

林改档案具有重要查考利用保存价值的，应当永久保存；具有一般利用保存价值的，应当定期保存，期限为30年或者10年。

具体划分办法按照《集体林权制度改革文件材料归档范围及保管期限表》执行。

第十三条 归档的林改文件纸质材料应当字迹工整、数字准确、图样清晰、手续完备。

归档纸质材料应当使用碳素、蓝黑墨水等不易褪色的书写材料，因特殊情况容易产生字迹模糊或者褪变的文件材料应当附一份清晰的复印件。

纸张、装订材料等应当符合档案保护要求。

第十四条 归档的林改文件非纸质材料应当将每一件(盒、

盘）作为一个保管单位，单独排列编号，按照内容和年度分类整理并编制档号。其中与纸质文件材料有直接联系的应当编写互见号或者互见卡。

录音、录像材料要保证载体的有效性，电子文件和使用信息系统采集、贮存的专业性数据以及航空照片、遥感数据应当用可记录式光盘保存，重要的应制成纸质拷贝同时归档保存。

照片和图片应当配有文字说明，标明时间、地点、人物和事件。

电子文件产生的软硬件环境及参数须符合有关要求。

第十五条 各级林业行政主管部门应当建立林改档案保管制度，安排林改档案保管专用资金，配备档案用房、柜架，备有防火、防盗、防渍、防有害生物等安全设施，定期开展档案保管状况检查，确保档案安全。

第十六条 县级林业行政主管部门应当按照国家有关法律、行政法规和规章的规定，按时向县级国家档案馆移交林改档案。

经同级林业行政主管部门和档案行政管理部门协商同意，林改档案可以提前移交，并按规定办理移交手续。

第十七条 乡（镇）人民政府档案机构和集体经济组织应当加强林改档案的保管和移交工作。

集体经济组织不具备档案保管条件的可以将林改档案移交乡（镇）人民政府档案机构保管，经县级林业行政主管部门和档案行政管理部门验收后，依法及时移交县级国家档案馆统一保管。

第十八条 林改档案管理机构撤并时，应当将林改档案整理登记后，妥善移交给主管机关或者接收单位。

第十九条 县级林业行政主管部门、乡（镇）人民政府档案机构在移交档案之前，应当保留备份或者复印件。

森林、林木和林地权属登记、林权证发放等形成的文件资料原件一式两套，一套留县级林业行政主管部门、一套移交同级国家档案馆永久保存。

第二十条 县级国家档案馆应将林改档案纳入档案进馆接收范围，并将其统一归入林业行政主管部门单位全宗序列，对所保存的林改档案严格按照规定整理和保管。

第二十一条 各级林改档案管理机构和国家档案馆应当按照有关规定向社会开放林改档案，为社会提供利用林改档案服务，但涉及国家秘密、个人隐私和法律另有规定的除外。

单位和个人持有合法身份证明，可以依法利用已经开放的林改档案。向国家档案馆移交林改档案的林业行政主管部门和其他经济组织，对其档案享有优先利用的权利。

利用林改档案资料时，除依法收取的复制成本费外，不得收取其他费用。

第二十二条 县级以上林业行政主管部门和档案行政管理部门应当推进林改档案的信息化建设，加强林改电子文件归档和电子档案的规范化管理，提供网上信息查询服务。

第二十三条 对在林改档案的收集、整理、利用等各项工作中做出突出成绩的单位或个人，由各级人民政府及林业行政主管部门、档案行政管理部门给予奖励。

第二十四条 对于违反有关规定，造成林改档案失真、损毁或丢失的，依法追究相关人员的法律责任；情节严重的依法移送司法机关处理。

第二十五条 省、自治区、直辖市林业行政主管部门、档案行政管理部门可以根据有关法律、法规，结合本办法和本地实际，制定林改档案工作有关规定。

第二十六条 法律、行政法规、国务院决定对林改档案的管理另有规定的，从其规定。

第二十七条 本办法自 2013 年 6 月 22 日起施行。

附　件

集体林权制度改革文件材料归档范围及保管期限表

序号	归档范围	保管期限
一、林改综合类		
(一)上级机关的有关材料		
1	上级机关召开的会议材料	
1.1	重要会议材料	
1.1.1	通知、名单、议程、报告、讲话、讨论通过的文件、决议、纪要等文件材料	永久
1.1.2	典型材料、代表发言	30年
1.2	一般会议材料	
1.2.1	纪要、通知、总结、讲话、报告	30年
1.2.2	典型材料、代表发言	10年
2	上级机关颁发的文件材料	
2.1	属于林改政策并要执行的重要文件	永久
2.2	属于林改政策并要执行的一般文件	30年
3	上级机关印发的出版物、简报、情况反映、工作动态等	10年
(二)本机关的有关材料		
1	本机关召开会议材料	
1.1	重要会议	
1.1.1	通知、名单、议程、报告、讲话、讨论通过的文件、决议、纪要等文件材料	永久
1.1.2	典型材料、代表发言	30年
1.1.3	小组会议记录、参考材料	10年
1.2	一般会议材料	
1.2.1	纪要、通知、总结、讲话、报告	30年
1.2.2	典型材料、代表发言	10年

（续表）

序号	归档范围	保管期限
2	本机关党组（党委）和行政办公会的纪要、会议记录、讨论通过的文件	永久
3	本机关制发的文件材料	
3.1	本机关制发的职能业务文件材料	
3.1.1	方针、政策、法规性的、普发性的职能业务问题、长远规划、纲要	永久
3.1.2	专项业务问题的文件材料	30年
3.2	本机关的请示、上级机关的批复；下级机关的请示、本机关的批复	
3.2.1	方针政策性的重要问题	永久
3.2.2	具体业务问题的	30年
4	本机关形成的工作计划、总结、报告	
4.1	年度以上的、重要专题的	30年
4.2	半年的、季度的、一般专题的	10年
5	本机关检查下级机关工作、下级机关报送的整改情况、调查研究形成的文件材料	
5.1	重要的	30年
5.2	一般的	10年
6	本机关处理人民来信、来访的文件材料	
6.1	有省级以上领导人重要批示和处理结果的	永久
6.2	有上级机关或本机关领导人重要批示和处理结果的	30年
6.3	没有处理结果的	10年
7	本机关受到上级机关表彰和先进工作者的文件材料	
7.1	县（市、区）级和县级以上的	永久
7.2	县级以下的	30年
8	本机关对有关人员的处分材料	
8.1	警告（不含警告）以上的	永久

（续表）

序号	归档范围	保管期限
8.2	警告及警告以下的	30 年
(三)集体经济组织有关材料		
1	集体经济组织召开的村民会议或村民代表会议通过的文件材料	
1.1	通过并签名的林改方案	永久
1.2	会议记录	永久
1.3	表决票	永久
1.4	签收通知、会议签到记录	永久
(四)非隶属机关制发的有关文件材料		
1	非隶属机关制发的要贯彻执行的文件材料	30 年
2	非隶属机关联系一般事务的文件	10 年
(五)下级机关的有关文件材料		
1	下级机关报送的总结、报告、统计报表、典型材料	
1.1	年度和年度以上的总结、重要的专题报告、典型材料	30 年
1.2	年度以下的总结、一般专题的报告和备案的	10 年
二、确权和林权登记类		
1	登记材料	
1.1	本机关登记管辖范围内的	
1.1.1	经县级以上人民政府批准生效的林权登记申请表及其附件，林权登记，地理信息系统及相关测量表，毗邻单位(个人)定界意见表，林地地形图或者平面图，本人身份证复印件，承包(流转)等确权合同书，林权登记公示材料等登记规定要求提交的其他有关文件	永久

（续表）

序号	归档范围	保管期限
1. 1. 2	申请登记的权属证明材料。即林源依据，包括林权证（自留山证）、土地证、农业合作化、“四固定”以及林业“三定”时期确定的权属证明，当时有权批准的机关的批准文件、协议、协约或赠予协议等，村民（村民代表）会议通过的明确集体林分配的林改方案；退耕还林工程中退耕地的农村土地承包经营权证；原权源依据遗失的，有逐级组织证明，并经县级以上林业行政主管部门核实认定的材料	永久
1. 1. 3	登记规定要求提交的其他有关文件	永久
1. 2	非本机关登记管辖范围但林地所有权、使用权属于本辖区国有、集体单位的	
1. 2. 1	经县级以上人民政府批准生效的林权登记申请表及其附图（副本或经该登记机关存档的复印件）	永久
1. 2. 2	申请登记的权属证明材料（副本或经该登记机关存档的复印件）	永久
1. 2. 3	登记规定要求提交的其他有关文件（副本或经该登记机关存档的复印件）	永久
2	本机关登记管辖范围内的林权界线拼图	
2. 1	各集体经济组织和相邻国有单位的林地所有权界线拼图	永久
2. 2	集体所有林地，该集体所有林地单位内林地使用权界线拼图	永久
3	本机关登记管辖范围内的林权登记受理表、林权登记台账	永久
4	本机关登记管辖范围内的林权证发放登记表	永久
5	本机关登记管辖范围内的计算机数据资料（光盘）	永久
6	本机关登记发证前公示文本	永久
7	本机关组织的林权现场勘查材料及图册	永久
8	本机关登记管辖范围内的林权登记代码文件材料	永久

（续表）

序号	归档范围	保管期限
9	本机关购林权证数量及其编号材料	永久
10	本机关其他林权登记发证业务管理材料及图表	永久
11	本机关审核或审批林权流转的文件材料	
11.1	行政审批、管理工作制度、程序规定	永久
11.2	已经审核、审批的批准文件、流转合同副本及要求提交的申请材料	永久
11.3	未予审核、审批的申请材料	10 年
三、纠纷调处类		
1	纠纷调解申请书，双方当事人之间依法达成的协议书，人民政府依法调解的意见、请示、批复、处理决定，人民法院判决书、裁定书、调解书，林权界线确认书等	永久
四、特殊载体类		
1	党和国家领导人、上级机关领导等视察、检查林权管理工作时形成的重要指示、讲话、题词和有特殊保存价值的照片、声像材料等	永久
2	林改过程中形成的会议、培训、领导讲话、领导题词、操作现场等声像资料	
2.1	重要的	30 年
2.2	一般的	10 年

国家林业局关于切实加强集体林权流转管理工作的意见

林改发〔2009〕232 号

为贯彻落实中央林业工作会议精神和《中共中央 国务院关于全面推进集体林权制度改革的意见》(中发〔2008〕10 号)要求，切实加强集体林权流转管理和指导工作，依法管理和规范流转行为，维护广大农民和林业经营者的合法权益，促进林业又好又快发展，依据《中华人民共和国森林法》、《中华人民共和国农村土地承包法》、《中华人民共和国农村土地承包经营纠纷调解仲裁法》、《中华人民共和国村民委员会组织法》等有关法律法规，现就加强集体林权流转管理工作提出如下意见。

一、充分认识加强集体林权流转管理工作的重要性

(一)加强集体林权流转管理，是优化资源配置、促进林业生产力发展的必然要求

集体林地明晰产权、承包到户后，集体林权流转是实现森林资源资产变现，促进林地向经营能力强、生产效率高的经营者流动，实现规模经营，优化配置资源，进一步解放和发展林业生产力的必然要求。加强集体林权流转管理，对于维护农民及相关林权权利人的合法权益，培育健康有序的林权交易市场，促进林业生产力发展，具有十分重要的作用。

（二）加强集体林权流转管理，是落实处置权，实现兴林富民的客观需要

放活经营权、落实处置权、保障收益权是集体林权制度改革的基本要求。森林资源资产流转、变现，是落实处置权的重要内容，有利于让农民获取资金从事林业生产经营活动，增加森林资源。规范集体林权流转行为，搭建森林资源流转平台，对于盘活森林资源资产，促进生产要素向林区流动，做大做强林业产业，实现兴林富民，具有十分重要的意义。

（三）加强集体林权流转管理，是维护森林资源安全和社会和谐稳定，巩固集体林权制度改革成果的重要举措

由于相关法律法规不完善，一些地方集体林权流转处于不规范状态，暗箱操作，低价转让集体林地、林木的现象时有发生，造成农民失山失地和集体森林资源资产流失，有的甚至引发林权纠纷、毁林和群体事件，对森林资源安全和林区和谐稳定带来了不利影响。加强集体林权流转管理工作，有利于防止农民失山失地，有利于维护流转各方的合法权益，有利于维护森林资源安全和林区和谐稳定，有利于巩固和扩大集体林权制度改革的成果。

二、加强集体林权流转管理的指导思想和基本原则

（一）指导思想

以邓小平理论、“三个代表”重要思想和科学发展观为指导，全面贯彻党的十七届三中全会、中央林业工作会议和《中共中央国务院关于全面推进集体林权制度改革的意见》精神，以稳定林地承包经营关系为基础，规范集体林权流转行为，建立健全林权流转服务体系，促进集体林权流转规范、有序、健康发展。

（二）基本原则

集体林权流转管理工作必须坚持农村基本经营制度，维护农民的林地承包经营权；坚持统筹兼顾、依法行政；坚持依法、自

愿、有偿流转；坚持公开、公平、公正；坚持有利于森林资源的保护、培育、合理利用和林区的和谐稳定。

三、依法规范集体林权流转行为

（一）稳定林地家庭承包经营关系

为保护农民平等享有的集体林地承包经营权，维护农民的合法权益，对适宜家庭承包经营的集体林地应当实行家庭承包经营。要引导农民在获得林地承包经营权后一定期限内自主经营，引导农民依法通过转包、出租、互换、入股等形式流转。各地应根据实际情况，采取有效措施，防止炒买炒卖林权，防止农民失山失地，确保农民长期拥有可持续就业和增收的生产资料。

（二）建立规范有序的集体林权流转机制

依法采取转让方式流转林地承包经营权的，应当经原发包的集体经济组织同意；采取转包、出租、互换、入股、抵押或者其他方式流转的，应当报原发包的集体经济组织备案。集体统一经营的山林和宜林荒山荒地，在明晰产权、承包到户前，原则上不得流转；确需流转的，应当进行森林资源资产评估，流转方案须在本集体经济组织内提前公示，经村民会议三分之二以上成员同意或者三分之二以上村民代表同意后，报乡镇人民政府批准，并采取招标、拍卖或公开协商等方式流转。在同等条件下，本集体经济组织成员在林权流转时享有优先权。流转共有林权的，应征得林权共有权利人同意。国有单位或乡镇林场经营的集体林地，其林权转让应当征得集体经济组织村民会议和该单位主管部门的同意。

（三）加强集体林权流转的引导

林地承包经营权和林木所有权流转，当事人双方应当签订书面合同，需要变更林权的，当事人应及时依法到林权登记机关申请办理林权变更登记。要引导发展农民林业专业合作社、家庭合作林场、股份制林场等林业合作组织，联合经营林地；鼓励广大农民和林业经营者与企业合作造林；鼓励短期限流转、部分林权流转、林木采伐权流转和本集体经济组织内部成员间的流转；鼓励到林业产权交易管理服务机构进行流转。对不宜实行家庭承包经营的，可以将林地承包经营权折股分给本集体经济组织成员后，再实行承包经营或股份合作经营。

（四）切实维护集体林权流转秩序

区划界定为公益林的林地、林木，暂不进行转让；但在不改变公益林性质的前提下，允许以转包、出租、入股等方式流转，用于发展林下种养业或森林旅游业。对未明晰产权、未勘界发证、权属不清或者存在争议的林权不得流转；集体林权不得流转给没有林业经营能力的单位和个人；流转后不得改变林地用途；流转期限不得超过原承包经营剩余期限。

（五）禁止强迫或妨碍农民流转林权

已经承包到户的山林，农民依法享有经营自主权和处置权，禁止任何组织或个人采取强迫、欺诈等不正当手段迫使农民流转林权，更不得迫使农民低价流转山林。已经承包到户的山林需要流转的，其流转方式、条件、期限等由流转双方依法协商确定，任何一方不得将自己的意志强加给另一方。党员干部特别是各级领导干部，要以身作则，绝不允许借改革之机为本人和亲友谋取私利。

四、妥善处理集体林权流转的历史遗留问题

（一）全面核查集体林权流转的历史遗留问题

要结合本地实际开展梳理工作，全面掌握以往林权流转的时间、地点、面积、价格等，对群众反映强烈的流转活动，要依法对其合法性、有效性进行核查。对本次集体林权制度改革以前因林权流转造成无山无林可分的地方，更要认真对待，切实贯彻落

实《中共中央 国务院关于全面推进集体林权制度改革的意见》精神，妥善解决这类历史遗留问题，维护本集体经济组织成员的合法权益，维护林区的社会稳定。

（二）依法妥善处理集体林权流转的历史遗留问题

本着“尊重历史、兼顾现实、注重协商、利益调整”的原则，依法妥善处理集体林权流转的历史遗留问题。对于集体林权制度改革前的流转行为，符合《中华人民共和国农村土地承包法》、《中华人民共和国村民委员会组织法》等有关法律规定、流转合同规范的，要予以维护；流转合同不规范的，要予以完善；不符合有关法律规定的，要依法予以纠正。

（三）积极探索解决历史遗留问题的有效形式

对流转面积过大、价格过低、期限过长、群众反映强烈的，要采取协商的方式，通过让利、缩短流转期、折资入股等办法依法进行调整，特别是要把政策性让利真正落实给农民；也可以因地制宜地采取“预期均山”的办法予以解决。“预期均山”要按照集体林权制度改革的规范程序运作，既要保障农民平等享有林地承包经营权，又要依法保护林业经营者对承包林地的投资权益。

五、加强集体林权流转服务平台建设

（一）加强集体林权流转服务

各地要建立健全林权流转运行机制和相应的规章制度，确保流转活动的公平性和合法性。要积极培育林权流转市场，制定林权交易规则，提供林业产权交易、森林资源资产评估、木竹检尺、林业科技、法律咨询等服务，形成规范有序的流转市场体系和管理服务体系。

（二）加强流转森林资源资产的评估工作

要加强森林资源资产评估机构和评估队伍建设，规范流转森林资源资产评估行为，维护交易各方合法权益。流转森林资源资产的评估应当以具有相应资质的森林资源调查机构核查的森林资源实物量为基础，进行价值评估。从事流转森林资源资产实物量调查和价值评估的森林资源调查机构和资产评估机构应当符合国家规定的相关资质条件，并严格按照国家有关资源调查、资产评估相关法规和技术规范的规定和要求进行森林资源实物调查和资产价值评估。

（三）加强集体林权流转的金融服务工作

为完善林业融资环境，改变林权抵押贷款难的状况，各地林业主管部门要采取有效措施，积极协助金融机构降低因开展林权抵押贷款、森林保险等业务带来的风险，做好抵押林权处置的服务工作和林地林木权属抵押登记管理工作；要积极探索建立林权收储中心、林业专业性担保公司等，化解林权融资风险，促进林业金融服务持续健康发展。

六、强化集体林权流转的管理工作

（一）依法强化集体林权流转登记工作

各级林业主管部门要严格按照林权登记发证的有关规定，认真审查林权流转登记申请文件，特别是要认真审查其权属证明文件和流转决策程序的合法性、有效性、申请人的资格证明、流转合同和流转方式等内容，依法办理林权登记手续。对于合法规范的集体林权流转，需要变更林权的，林权登记机关应当及时受理，认真审查并进行林权变更登记；对于不符合法律法规相关规定的林权流转，登记机关不得给予林权变更登记。

（二）加强集体林权纠纷调处和仲裁工作

要重视群众的来信来访，认真对待涉林纠纷。因集体林权流转发生纠纷的，要鼓励当事人自行和解；和解不成的，应当根据当事人的请求，由村民委员会、乡镇人民政府等进行调解；当事人和解、调解不成或者不愿和解、调解的，林地承包仲裁机构应当根据当事人的申请，及时依法给予仲裁。当事人不愿意提请仲裁的，也可以直接向人民法院起诉。各级林业主管部门应积极采取有效措施，指导纠纷调处和仲裁，维护各方的合法权益。

（三）加强集体林权流转合同管理

为保障当事人的合法权益，集体林权流转应当依法签订书面合同，明确约定双方的权利和义务。省级林业主管部门应当统一制定本辖区内林权流转合同示范文本。县级林业主管部门或乡镇林地承包经营管理部门应当及时向达成流转意向的双方提供统一文本格式的流转合同，认真指导流转双方签订流转合同，并对林权流转合同及有关文件、文本、资料等进行归档，妥善保管。

（四）加强集体林权流转收益管理

已承包到户的林权流转，转包费、租金、转让费等收益归转出方所有，或按照承包合同约定进行分配，任何组织和个人不得擅自截留、扣缴。集体经济组织经营的林权流转收益归本集体所有，纳入农村集体财务管理，用于本集体经济组织内部成员分配和公益事业。

（五）加强集体林权流转监管工作

各级林业主管部门应当加强对集体林权流转的监管，对弄虚作假、恶意串标、强买强卖等违法违规行为要及时制止，构成犯罪的要移送司法机关依法查处。要加强对林权流转后是否改变林地用途，有无违反国家政策法律等情况进行监督，对违反规定的，要依法予以查处。

七、加强集体林权流转管理工作的组织领导

（一）切实加强对集体林权流转管理工作的组织领导

集体林权流转事关广大农民群众的切身利益，事关林区社会的和谐稳定，事关集体林权制度改革成效及改革成果的巩固，涉及面广、政策性强、工作难度大。各地要高度重视，进一步增强

责任感、使命感和紧迫感，认真研究，精心组织，加强领导，加大宣传和培训力度，确保集体林权流转的指导和监管收到实效。

（二）加强林权管理工作机构和队伍建设

各级林业主管部门要充分发挥职能作用，加强林权管理和交易服务机构建设，加强林地承包仲裁机构建设。选调一批业务素质高、工作能力强、思想作风正、敢于负责的人员，充实到林权管理和服务机构工作，为开展林权流转服务和监管提供组织保障。

（三）加强集体林权流转相关制度建设

各地要建立和完善林权流转的相关制度，针对流转中存在的突出矛盾和问题，研究制定规范流转的办法，尽快建立起林权流转服务和监管制度，为规范集体林权流转行为提供制度保证。

国家林业局关于进一步做好集体林地明晰产权、承包到户改革工作的通知

林改发〔2012〕214 号

各省、自治区、直辖市林业厅（局），新疆生产建设兵团林业局：

在党中央、国务院的高度重视和关怀下，在各级党委、政府的领导下，各个部门合力推进，农民群众普遍参与，集体林权制度改革进展顺利，成效显著，得到了社会各界的充分肯定和高度评价。但从各地明晰产权、承包到户实际工作来看，一些地方还存在着林地确权登记发证不规范等问题，侵害农民权益的现象还时有发生。为了全面贯彻中央关于集体林权制度改革的重大战略部署，落实温家宝总理“要继续推进配套改革，加强制度建设，切实解决集体林权制度改革的深层次问题，把林改引向深入”的重要指示精神，更好地解决明晰产权、承包到户改革所面临的问题，现就进一步做好明晰产权、承包到户改革工作，作如下通知。

一、集中力量，加快进度，全面完成林改确权发证任务

2008 年，中央明确要求用五年左右的时间基本完成明晰产权、承包到户的改革任务。目前，一些省（区、市）改革任务尚未完成，与中央的要求还有一定差距。尚未完成确权任务的地方，要制定时间表、明确工作任务、确定责任人，确保按期完成任

务。已经确权、尚未发证的地方，要分析原因，采取措施，尽快把林权证发到农民手中，确保今年年底发证率达到95%以上。尚有承包经营纠纷和权属争议的林地，要在党委政府的领导下，依法加大调解处理力度，维护林区稳定。国有单位依法使用的集体林地，要维护历史形成的稳定的权属关系，处理好与农民的利益关系；确定为重点保护的公益林，有条件的地方要积极探索制定生态补偿差别化政策、建立租赁、赎买、征收、置换或生态移民等机制，把农民合法权益落到实处。

二、查找问题，认真整改，确保林改质量

各级林业主管部门要以对历史负责的态度，高度重视林改工作质量。已经基本完成确权发证的地方，要适时组织开展林改“回头看”和检查验收工作，对存在的问题，要制定整改方案，落实整改责任，确保整改工作取得实效。对依法依规、群众决策，采取均股改革的地方，要进一步完善管理办法，制定管理章程，建立管理机构，将股权证发放到户，利益落实到人。本集体经济组织成员的村民会议三分之二以上成员或三分之二以上村民代表要求，对采取均股改革的林地进行家庭承包的，要继续做好明晰产权、勘界发证工作，落实家庭承包。林改前已经流转的林地，合同合法规范的，要维护承包双方权益；合同不规范的，要按照有关政策法规予以规范；租期过长、价格过低、面积过大、群众意见大的，要予以协商解决。采取联户发证的，要保护好共有人权益，三分之二以上农户要求分山到户的，要继续做好明晰产权、勘界发证工作。对明晰产权、勘界发证工作中各类资料要进行审查核对、整理分类、归档保存，切实做到有据可查、有字为证，切实加强管理信息化建设，经得起历史检验。

三、完善制度，强化服务，切实维护农民的合法权益

林地是农民重要的生产生活资料，稳定和落实林地家庭承包

关系是维护农民权益的重要内容。各级林业主管部门要切实加强农村集体林地承包经营管理，对采取农民家庭承包方式获得林地承包经营权的，要保持长期稳定不变，任何单位或个人不得随意调整和收回，不得干涉承包方的正当生产经营活动。要坚持产权到户、补偿到户的原则，按政策要求，将生态补偿、造林补贴等财政补贴落实到户，建立方便农民的惠农一卡通制度。对自留山要保持长期稳定，由农户长期无偿使用。对集体统一经营的林地不得随意流转，本集体经济组织成员的村民会议三分之二以上成员或三分之二以上村民代表要求进行家庭承包的，要继续做好明晰产权、勘界发证工作，落实家庭承包。集体统一经营的林地流转等收益分配要经村民会议或村民代表会议议定，收益用于本集体经济组织内部成员分配和集体公益事业。切实加强林权管理，依法规范林权日常登记发证管理工作，加快林权登记发证管理系统建设。依法规范流转行为，防止违背农民意愿强迫流转，防止“一地多转”、防止权属不清及有争议的林地流转。要根据《农村土地承包经营纠纷调解仲裁法》要求，在当地政府指导下，设立林地承包仲裁委员会，林业主管部门承担日常管理工作。建立健全林地承包经营纠纷调解、仲裁制度，依法组建林业仲裁庭，及时受理林地承包经营纠纷案件，妥善调解纠纷，维护农民权益。

四、提高认识，加强领导，确保林改顺利推进

明晰产权、勘界发证是集体林权制度改革的核心工作，是深化改革的基础和前提，关系着集体林权制度改革的成败。维护家庭承包经营制度、保障林农依法享有的集体林地承包经营权是林业主管部门的重要行政职责，是农村林业改革发展的一项长期任务、常态化工作。各级林业主管部门要进一步提高认识，加强领导，积极争取党委政府的重视和支持，加强与有关部门的协调，充实各级林改领导小组力量，建立健全省、市、县三级农村林业

改革发展常设机构，明确管理职能，配备专职人员，落实工作经费，为农村林业改革发展提供强有力的组织保障。加强对新任领导和干部的法律法规、政策和业务培训，提高林改工作水平。加大宣传力度，继续营造深化集体林权制度改革的社会氛围。

各级林业主管部门要高度重视，加大推进力度，保质保量地完成明晰产权、承包到户的改革任务，为深化集体林权制度改革奠定坚实基础。

浙江省人民政府办公厅关于加强农村土地承包经营纠纷调解仲裁工作的意见

浙政办发〔2010〕37 号

为了有效化解农村土地承包经营纠纷，保护农民土地承包权益，促进农村土地承包经营权有序流转和现代农业发展，根据《中华人民共和国农村土地承包经营纠纷调解仲裁法》(以下简称《调解仲裁法》)的规定，经省政府同意，现就加强农村土地承包经营纠纷调解仲裁工作提出如下意见：

一、准确把握法律原则，提高纠纷调解仲裁工作水平

(一)坚持公开、公平、公正原则

农村土地承包经营纠纷调解仲裁应当程序公开、信息透明，除涉及国家秘密、商业秘密和个人隐私以及当事人约定不公开的以外，应当进行公开调解或开庭审理；符合调解或仲裁条件的农户，均享有申请调解或仲裁的权利，双方当事人平等享有陈述、辩论权利；裁决结果要符合法律和国家相关政策的规定，确保当事人的公平权益和社会正义。

(二)坚持便民高效原则

坚持调解优先，仲裁庭对农村土地承包经营纠纷应当先行调解。允许农民口头申请，不以当事人书面协议为前提，依法启动仲裁程序。对权利义务关系明确的纠纷，经当事人申请，仲裁庭

可以先行裁定维持现状、恢复农业生产以及停止取土、占地等行为。开庭可以在纠纷涉及土地所在地的乡(镇)或者村进行，也可以在农村土地承包仲裁委员会所在地进行。当事人双方要求在乡(镇)或者村开庭的，应当在该乡(镇)或者村开庭。

(三)坚持依据事实、符合法律原则

要全面、深入、客观地查清与案件有关的事实情况，包括纠纷发生的原因、发展过程、现实状况以及争议各方的争执所在等。在查清事实的基础上，根据法律有关规定确定当事人各方的权利义务，确定承担责任的方式。

(四)尊重社会公德原则

农村土地承包经营纠纷调解和仲裁，当法律没有作出具体规定时，应当尊重社会公德。

二、加强仲裁机构和队伍建设

各市县政府要根据《调解仲裁法》的要求，在2010年年底前指导设立农村土地承包仲裁委员会，已经建立的，也要根据法律作相应的调整和完善。市辖区是否设立由市政府确定。农村土地承包仲裁委员会应当综合设立，选派当地政府和有关部门、人民团体、农村集体经济组织、农民代表以及法律、经济等相关专业人员参加仲裁委员会，统筹处理农村耕地、林地承包经营纠纷。农村土地承包仲裁委员会的日常工作原则上由当地农业行政主管部门承担，林区县可由林业行政主管部门承担或农业、林业行政主管部门分别承担，具体由当地政府指定。分别承担的市、县，农业行政主管部门负责做好相关业务统计等工作。农业、林业部门要加强配合，互相支持。乡镇政府和村(居)民委员会要切实加强依法调解工作，减轻仲裁工作压力。要加强对仲裁员的管理和培训考核，提高仲裁员业务素质。

三、加强制度建设

承担农村土地承包仲裁委员会日常工作的农村土地承包管理

部门，要依照相关法律法规和规章制度，建立健全工作规则和管理制度，协助乡村健全调解机制。建立仲裁监督制度，县级以上地方政府及有关部门应当受理对农村土地承包仲裁委员会组成人员、仲裁员违法违纪行为的投诉和举报，并依法组织查处。各级政府应加强与法院的联系，建立健全沟通协调机制。调解仲裁不得向当事人收取费用。

四、切实做好重大纠纷案件的应急处理工作

对具有群体性、影响大、涉及面广的农村土地承包经营纠纷，县级以上政府要提前介入，综合运用信访、政府调解等手段，帮助化解当事人之间的纠纷。对重大案件要制定预案，防止出现群体性甚至恶性事件，维护社会稳定。

五、切实加强组织领导

各地要高度重视农村土地承包经营纠纷调解仲裁工作，切实加强组织领导，尽快落实仲裁人员，加大普法宣传力度，把《调解仲裁法》列入“五五”普法计划，组织广大干部群众特别是从事农村土地承包管理工作的干部认真学习研读法律，提高干部依法行政水平，增强农民群众依法流转土地承包经营权的意识和保护合法权益的能力。农村土地承包管理部门要做好业务指导和组织培训工作。林业部门要依照《中华人民共和国森林法》，进一步加强林木、林地权属纠纷调解工作。人事、编制等部门要做好指导和规范工作。财政部门要将仲裁工作经费纳入同级财政预算，保障农村土地承包经营纠纷调解仲裁工作顺利开展。

二〇一〇年四月一日

浙江省司法厅　林业厅
关于在全省林业系统开展建立法律援助工作站试点工作的通知

浙司〔2010〕102 号

各市、县(市、区)司法局、林业局：

为了充分发挥法律援助在促进社会和谐稳定，深入推进政法三项重点工作，服务加快经济发展方式转变和保障改善民生中的职能优势，根据国务院《法律援助条例》、《浙江省法律援助条例》和浙江省人民政府办公厅《关于进一步加强农村法律援助工作的意见》(浙政办〔2008〕96 号)精神，结合我省实际，经研究，决定在全省林业系统开展建立法律援助工作站试点工作。现将有关事项通知如下：

一、充分认识在全省林业系统开展建立法律援助工作站试点工作的重要意义

浙江是“七山一水二分田”的省份，全省现有林地面积 9966. 9 万亩。全省 51 个林区县人口达 3024 万人，占全省人口的 63%，其中依托林业生活来源的有 1706 万人。2006 年，针对第一轮山林承包合同已经到期或将陆续到期的实际，我省及时部署开展了集体林权制度主体改革，并积极推进配套改革。通过规范林权流转，我省现已累计流转林木、林地面积 1093 万亩。随着林权制

度改革的进一步深化，广大林农在生产、生活等方面遇到的涉林法律问题不断增多，经常面临维权难、维权成本高等问题。

在全省林业系统开展建立法律援助工作站试点工作，为林农提供更加便捷、高效、优质的法律援助服务，可以更好地把社会矛盾化解在萌芽、消灭在基层，从源头上预防化解涉及困难林农利益的矛盾纠纷。各地要充分认识在全省林业系统开展建立法律援助工作站试点工作的重要意义，切实重视和加强涉林法律援助工作，充分发挥法律援助在社会主义新林区建设中的应有作用。要进一步加强对林改重点领域、重点对象的法律援助宣传，提高法律援助林区知晓度，为林农在林地承包经营、勘界发证、林权流转、林权抵押、森林保险、征地补偿等方面提供法律援助；提高法律援助在林区的覆盖面，努力满足人民群众的涉林法律援助需求；注重通过法律援助工作预防和化解社会矛盾，帮助、引导弱势群体依法正确表达利益诉求，努力减少不和谐因素，维护集体林权制度改革规范有序进行，实现生态环境受保护、林农权益得保障、林区更和谐的目标。

二、试点工作的总体安排

经研究，确定省林业厅、丽水市林业局、衢州市林业局、湖州市林业局、庆元县林业局、龙泉市林业局、遂昌县林业局、松阳县林业局、缙云县林业局、衢州市衢江区林业局、江山市林业局、开化县林业局、安吉县林业局、长兴县林业局等 14 个单位为试点单位，其中省级 1 个，市级 3 个，县级 10 个。

林业法律援助工作站由试点林业部门提出设立申请，经同级司法行政机关批准建立。工作站的名称由所属的法律援助中心名称 + 林业机构名称 + 工作站组成。如：丽水市法律援助中心市林业局工作站。省林业厅建立浙江省法律援助中心省林业厅工作总站。工作站(总站)站长由林业局(厅)分管领导担任，成员由林业局（厅）法制部门工作人员组成。工作站（总站）日常工作由林业部门主管，接受法律援助中心业务指导。

开展建立林业法律援助工作站试点工作时间，自2010年7月初起至2011年6月底止，为期1年。试点工作结束，省司法厅和省林业厅将对试点工作作出总结，并对表现突出、成绩显著的试点单位进行表彰。自2011年7月起，全省林业系统将全面建立法律援助工作站。

三、林业法律援助工作站的工作职责

林业法律援助工作站按照省司法厅《浙江省部门行业法律援助工作站管理办法》（浙司〔2009〕80号）的规定进行管理、运作，根据行业特点和不同层级，分别承担以下职责：

（一）省林业厅工作总站

1. 管理全省林业系统法律援助工作站；

2. 制定全省林业系统法律援助工作站工作方案、计划、目标和阶段工作任务；

3. 与省司法厅研究、协调全省林业系统法律援助工作。

（二）市林业局工作站

1. 管理全市林业系统法律援助工作站；

2. 解答林农涉林法律咨询；

3. 开展涉林法制宣传教育和法律援助宣传；

4. 向法律援助中心报送工作站工作情况和信息；

5. 协助法律援助中心办理相关事宜。

（三）县（市、区）林业局工作站

1. 对林农因涉林合法权益受到侵害申请法律援助的案件进行初审，符合条件的向法律援助中心报送；

2. 解答林农涉林法律咨询；

3. 开展涉林法制宣传教育和法律援助宣传；

4. 向法律援助中心报送工作站工作情况和信息等；

5. 协助法律援助中心办理相关事宜。

四、加强领导，分工协作，切实抓好试点工作

开展试点工作的司法行政机关和林业部门，要建立分管领导牵头、法律援助和林业法制部门参加的工作机构，建立健全工作会商机制，定期研究分析试点工作中出现的新情况、新问题，及时总结经验，不断完善措施，确保试点工作健康发展。林业部门要将熟悉林业业务，服务意识强，能够熟练运用林业知识和相关法律、政策向林农提供帮助的人员充实到工作站，明确岗位职责，完善工作机制，落实办公场所和设施，确保相关经费保障，使工作站正常运作。司法行政机关要加强对林业法律援助工作人员的业务培训，提供有关学习和宣传资料，传递行业和司法信息，着力提高林业工作站的"软件"建设水平。法律援助中心要及时审查林业法律援助工作站报送的法律援助申请材料。符合条件的，要及时指派政治素质高、业务能力强、服务态度好、熟悉林业法律政策的法律援助工作者、律师进行办理；不符合条件的，要认真细致地做好解释工作，并帮助林业工作站提高初审水平。对林农的法律援助需求，努力做到应援尽援、应援优援。

试点工作中遇到的情况和问题，请及时分别报告省司法厅和省林业厅。

附件：1. 法律援助申请表

2. 法律援助工作站法律咨询登记表

二〇一〇年六月二十三日

附件 1

法律援助申请表

填表日期：　　年　　月　　日

<table>
<tr><td rowspan="4">申请人填写</td><td>姓　名</td><td></td><td>性别</td><td></td><td>出生年月</td><td></td><td>籍贯</td><td></td></tr>
<tr><td>工作单位</td><td colspan="3"></td><td>联系电话</td><td></td><td>邮编</td><td></td></tr>
<tr><td>家庭地址</td><td colspan="7">市（县）　　　　乡镇（街道）</td></tr>
<tr><td>申请理由及事项</td><td colspan="7"></td></tr>
<tr><td rowspan="2">证明材料</td><td>身份证号</td><td colspan="3"></td><td>户籍证明</td><td colspan="3"></td></tr>
<tr><td></td><td colspan="7"></td></tr>
<tr><td colspan="9">初审意见：

中心　　局　　工作站（盖章）　年　月　日</td></tr>
<tr><td colspan="9">审核意见：

援助中心（盖章）　年　月　日</td></tr>
</table>

附件2

法律援助工作站法律咨询登记表

姓　　名		性　别		出生年月		籍贯	
工作单位				联系电话		邮编	
家庭地址	市(县)　　　　乡镇(街道)						
咨询事项及要求							
解答内容							
处理结果							
备注							

接待单位：　　　　　　接待人：　　　　　　年　　月　　日

浙江省司法厅　林业厅
关于在全省林业系统建立法律援助工作站并开展法律援助林农维权行动的通知

浙司〔2011〕120号

各市、县(市、区)司法局、林业局：

为维护广大林农合法权益，积极化解农村山林纠纷，最大限度减少农村不和谐、不稳定因素，为新时期社会主义新农村建设作出贡献，根据《中共浙江省委关于加强和创新社会管理的决定》和《省司法厅关于在加强和创新社会管理中充分发挥司法行政职能作用的指导意见》等精神，省司法厅、省林业厅决定，在全省林业系统建立法律援助工作站并开展法律援助林农维权行动。现将有关事项通知如下：

一、指导思想

全面贯彻落实科学发展观，加强和创新社会管理的方法和手段，以为林农提供便捷、高效、优质的法律服务为宗旨，坚持以人为本，努力提高法律援助在林区的覆盖面，满足困难林农涉林法律需求，维护林农合法权益，并积极探索建立健全维护林农合法权益的长效机制。

二、活动内容

2011年8月1日到2011年12月31日，共5个月时间，分3

个阶段进行。

（一）成立机构、宣传发动阶段(8 月 1 日 ~8 月 31 日)

主要工作为：

1. 建立林业法律援助工作站。在全省林区县全面建立林业法律援助工作站，有条件的非林区县，也要建立林业法律援助工作站。工作站的名称由所属的法律援助中心名称 + 林业机构名称 + 工作站组成。林业法律援助工作站设在林业局政策法规机构。林业部门要将熟悉林业业务，服务意识强，能够熟练运用林业和相关法律、政策向林农提供帮助的人员充实到工作站，明确岗位职责，完善工作机制，落实办公场所和设施，确保相关经费保障，使工作站正常运作。司法行政机关要加强对林业法律援助工作人员的业务培训，提供有关学习和宣传资料，传递行业和司法信息，着力提高林业工作站的“软件”建设水平。法律援助中心要及时审查林业法律援助工作站报送的法律援助申请材料，符合条件的，及时指派政治素质高、业务能力强、服务态度好，熟悉林业法律政策的法律援助工作者、律师办理；不符合条件的，要做好认真细致的解释工作，并帮助林业工作站提高初审水平。对林农的法律援助需求，努力做到应援尽援、应援优援。

2. 明确林业法律援助工作站的职责。林业法律援助工作站的主要职责是，对林农因涉林合法权益受到侵害申请法律援助的案件进行初审，将符合条件案件的向法律援助中心报送；解答林农涉林法律咨询；开展涉林法制宣传教育和法律援助宣传；向法律援助中心报送工作站工作情况和信息等；协助法律援助中心办理相关事宜。

3. 开展宣传活动。印发相关宣传资料，开展法律援助林农维权专项宣传，大力营造“维权行动”舆论氛围。要将法律援助的基本内容、受案范围、受理条件、申请程序向社会公开，真正使广大林农了解法律援助、相信法律援助，善于运用法律手段维护自身的合法权益。要注意发挥新闻媒体的阵地优势，通过专题采访报道困难林农法律援助维权的典型案例，以案说法，来提高广大林农的依法维权意识。

（二）维权阶段（9 月 1 日 ~11 月 30 日）

林农法律援助维权行动的重点内容是：林农请求维护林地承包经营权、山林纠纷、林权流转利益、森林保险理赔、林地征占用补偿、林权争议及其他涉林案件。

1. 突出工作重点。一是为林农在林地承包经营、勘界发证、林权流转、林权抵押、森林保险、征地补偿等方面提供更加便捷、高效、优质的法律援助服务。全省林区县为本次集中维权行动的重点。二是加强涉林法律政策解读，重点是《浙江省法律援助条例》、省政府办公厅《关于进一步加强农村法律援助工作的意见》（浙政办发〔2008〕96 号）、省政府办公厅《关于加强农村土地承包经营纠纷调解仲裁工作的意见》（浙政办发〔2010〕37 号）、国家林业局《林木和林地权属登记管理办法》、《浙江省森林、林木和林地流转管理办法》等。

2. 加强便民服务工作。有条件的林业局，要按照涉林法律援助便民利民的要求，在一楼便民大厅设立窗口，方便林农到林业局法律援助工作站进行法律咨询，寻求法律帮助。

3. 建章立制、规范流程。司法行政机关和林业部门，要建立健全工作会商机制，规范林业法律援助工作站的各项工作制度。林业法律援助工作站应建立接待、登记、档案管理等工作制度，将申请法律援助的条件、范围和申请程序、咨询电话等上墙公布。

4. 行政维权与司法维权相结合。要根据收集的法律援助案件，重点对非诉讼案件进行调解；加强与各级法院的协调配合，认真做好法律援助与司法救助的衔接工作。要积极协助做好涉林来信来访工作，说服当事人通过法律渠道解决问题，减少涉林信访案件数量。

（三）总结阶段(12月1日~12月31日)

各市、县(市、区)要对“维权行动”进行认真总结，各市应于12月25日前将总结分别报告省司法厅和省林业厅。省司法厅和省林业厅将组成联合检查组，对各地工作情况进行检查，并联合评选示范林业法律援助工作站。

三、工作要求

（一）树立大局意识

各地要充分认识维护林农合法权益、组织开展“维权行动”的重要意义，切实增强工作责任感，加强组织领导，精心安排部署，真正把为林农提供法律援助作为一项扶贫济弱的“惠民工程”，大力推进法律援助在林区的不断延伸和拓展，为服务林权制度改革、加快新农村建设提供良好的保障。

（二）探索建立长效机制

要建立和完善横向、纵向的工作机制。省司法厅和省林业厅建立联席会议制度，省司法厅副厅长陈志忠、省林业厅副巡视员蓝晓光为联席会议负责人，陈伟强、吴晓平、吴云燕、蒋省军、黄辉为成员。各地要成立相应机构，制定详细的、操作性强的“维权行动”方案，明确行动内容和步骤。

附件：1. 法律援助申请表

2. 法律援助工作站法律咨询登记表

二○一一年七月二十九日

附件 1

法律援助申请表

填表日期：　　年　　月　　日

<table>
<tr><td rowspan="4">申请人填写</td><td>姓　　名</td><td></td><td>性 别</td><td></td><td>出生年月</td><td></td><td>籍 贯</td><td></td></tr>
<tr><td>工作单位</td><td colspan="3"></td><td>联系电话</td><td></td><td>邮 编</td><td></td></tr>
<tr><td>家庭地址</td><td colspan="7">市(县)　　　　　乡镇(街道)</td></tr>
<tr><td>申请理由及事项</td><td colspan="7"></td></tr>
<tr><td rowspan="2">证明材料</td><td>身份证号</td><td colspan="3"></td><td>户籍证明</td><td colspan="3"></td></tr>
<tr><td></td><td colspan="3"></td><td></td><td colspan="3"></td></tr>
<tr><td colspan="9">初审意见：

中心　　　局　　　工作站(盖章)　　年　　月　　日</td></tr>
<tr><td colspan="9">审核意见：

援助中心(盖章)　　年　　月　　日</td></tr>
</table>

附件 2

法律援助工作站法律咨询登记表

姓　　名		性　别		出生年月		籍 贯	
工作单位				联系电话		邮 编	
家庭地址	市(县)　　　　乡镇(街道)						
咨询事项及要求							
解答内容							
处理结果							
备注							

接待单位：　　　　　　　　接待人：　　　　　　　　年　　月　　日

浙江省安吉县仲裁工作管理制度

安吉县农村土地承包仲裁委员会章程

第一条　根据《中华人民共和国农村土地承包经营纠纷调解仲裁法》，制定本章程。

第二条　安吉县农村土地承包仲裁委员会(以下简称本仲裁委员会)在安吉县人民政府指导下依法组织设立，并报同级人民政府和省级人民政府林业、农业行政主管部门备案。

本仲裁委员会日常工作由县林业局、县农业局承担。

办公地点设在安吉县林业局。

第三条　本仲裁委员会的职责：

(一)研究我县农村土地承包经营纠纷仲裁的重大事项；

(二)负责聘任、培训、管理和解聘仲裁员；

(三)受理仲裁申请；

(四)支持、指导和监督仲裁活动；

(五)与我县农村土地承包仲裁活动有关的其他职责。

第四条　本仲裁委员会由安吉县人民政府及其有关部门代表、有关人民团体代表、农村集体经济组织代表、农民代表和法律、经济等相关专业人员兼任组成，其中农民代表和法律、经济等相关专业人员不少于二分之一。

第五条　本仲裁委员会组成人员依下列方式产生：

（一）县人民政府代表由我县人民政府选派负责人；

（二）县人民政府有关部门代表由我县农业、林业、国土、司法、信访等县人民政府组成部门和直属机构推荐负责人；

（三）有关人民团体代表由人民团体推荐负责人；

（四）农村集体经济组织代表从农村集体经济组织负责人或者村民委员会中选聘；

（五）农民代表从我县承包农户中选聘；

（六）法律、经济等相关专业人员从我县具有中级职称以上专业人员中选聘。

本仲裁委员会组成人员的审核由仲裁委员会报请县人民政府确定。

第六条　本仲裁委员会设主任一人、副主任二至三人，由仲裁委员会全体组成人员选举产生。选举会议由县人民政府组织召开。

第七条　本仲裁委员会组成人员的任期为三年。

任期届满的前一个月，完成下届仲裁委员会组成人员的更换；有特殊情况不能完成更换的，应当在任期届满后的两个月内完成更换。

第八条　仲裁委员会组成人员任期内发生变更的，由仲裁委员会根据本章程第五条重新选聘，报请县人民政府确定。

第九条　仲裁委员会定期召开全体会议，会议由主任主持。根据主任、副主任或者三分之二以上的组成人员提议，可以由主任或者主任委托的副主任主持召开临时全体会议。

全体会议须有三分之二以上的成员出席方能举行。修改章程须经全体成员的三分之二以上通过，其他决议须经出席会议成员三分之二以上通过。

第十条 全体会议负责议决以下主要事项：

（一）制定和修改仲裁委员会章程、议事规则和规章制度；

（二）选举仲裁委员会主任、副主任；

（三）决定仲裁员的聘任、解聘和除名；

（四）仲裁委员会主任担任仲裁员的，决定主任的回避；

（五）审议仲裁委员会工作计划和年度工作报告；

（六）研究处理重大农村土地承包经营纠纷；

（七）审议办公室主任提交的办公室内部设置、人员聘用方案；

（八）确定办事机构经费支出的项目和标准；

（九）确定仲裁员报酬标准；

（十）修改仲裁规则、仲裁员守则、仲裁员选聘规则等重要规范性文件及有关仲裁员培训和管理的相关措施办法；

（十一）其他重要事项。

第十一条 本委员会所设办公室主要承担以下日常工作：

（一）受理仲裁申请；

（二）编制仲裁员名册；

（三）送达仲裁文书；

（四）管理仲裁委员会印章和档案；

（五）协助组织仲裁员培训；

（六）协助仲裁庭完成仲裁活动；

（七）仲裁委员会交办的其他事项。

第十二条 本仲裁委员会从符合下列条件之一的公道正派的人员中选聘仲裁员：

（一）从事农村土地承包管理工作满五年；

（二）从事法律工作或者人民调解工作满五年；

（三）在当地威信较高、并熟悉农村土地承包法律以及国家政策的居民。

第十三条　本仲裁委员会组织拟选聘的仲裁员进行农村土地承包法律以及国家政策的培训，经考核合格后颁发聘书。

第十四条　仲裁员聘期为两年，期满可以继续聘任。

第十五条　本仲裁委员会定期组织仲裁员开展学习交流活动，实行年终考核制度。

第十六条　仲裁委员会组成人员、仲裁员应当依法履行职责，遵守农村土地承包经营纠纷仲裁规则和本章程规定，不得索贿行贿、徇私舞弊，不得侵害当事人的合法权益。

第十七条　被选定或者被指定组成仲裁庭的仲裁员应当向本仲裁委员会书面披露可能引起对其公正性和独立性产生合理怀疑的任何事实或者情况。

第十八条　仲裁员、记录人员、翻译人员等有保密义务，对于非公开仲裁的案件，不得对外界透露案件实体和程序进行的情况。

第十九条　仲裁员辞聘，应当提前三个月向仲裁委员会提交辞呈。承办案件的仲裁员，在案件审结前不得辞聘。

第二十条　仲裁委员会对有下列情形之一的仲裁员，应当予以解聘除名，且不得再聘为仲裁员：

（一）有索贿行贿、徇私舞弊、枉法裁决以及接受当事人请客送礼等违法违纪行为的；

（二）故意隐瞒应当回避事实的；

（三）无正当理由故意不到庭审理案件的；

（四）年度考核不合格、群众不满意的；

（五）不宜继续担任仲裁员的其他情形的。

第二十一条　农村土地承包经营纠纷仲裁不向当事人收取费用。本仲裁委员会工作经费依法纳入县财政预算，设立独立账户，专款专用。

第二十二条 本章程已经仲裁委员会第一次全体会议讨论通过，自通过之日起施行。

安吉县农村土地承包仲裁委员会工作职责

（一）研究我县农村土地承包经营纠纷调解、仲裁的重大事项；

（二）负责聘任、培训、管理和解聘仲裁员；

（三）受理仲裁申请；

（四）支持、指导和监督仲裁活动；

（五）制定完善各项仲裁规则和内部管理制度，规范仲裁活动；

（六）协调乡村健全农村土地承包纠纷调解机制；

（七）保障仲裁工作经费；

（八）与我县农村土地承包仲裁活动有关的其他职责。

安吉县农村土地承包仲裁委员会办公室工作职责

（一）承办处理土地承包经营纠纷仲裁案件的日常工作；

1. 受理仲裁申请；

2. 编制仲裁员名册；

3. 送达仲裁文书；

（二）根据仲裁委员会的授权，负责管理仲裁员，组织仲裁庭；

（三）管理仲裁委员会财务、文书、印鉴和档案；

（四）负责土地承包经营纠纷及其处理方面的法律、法规及政策咨询；

（五）协助组织仲裁员培训；

（六）协助仲裁庭完成仲裁活动；

（七）仲裁委员会交办的其他事项。

安吉县农村土地承包仲裁委员会议事规则

第一条 为规范安吉县农村土地承包经营纠纷调解仲裁委员会（以下简称委员会）组成人员会议议事程序，提高会议质量和效率，促进仲裁工作决策民主化、科学化，根据《安吉县农村土地承包经营纠纷调解仲裁委员会章程》的有关规定，制定本规则。

第二条 组成人员会议包括全体会议和主任会议。全体会议由本委员会全体组成人员组成，主任会议由本会主任、副主任和办公室主任组成。

第三条 组成人员议事应当依照《农村土地承包经营纠纷调解仲裁法》等法律法规以及党和国家的各项方针、政策，实行集体领导、民主集中、个别酝酿、会议决定的原则。

第四条 全体会议的议事范围包括：

（一）制定和修改委员会章程、议事规则和规章制度；

（二）选举委员会主任、副主任；

（三）决定仲裁员的聘任、解聘和除名；

（四）委员会主任担任仲裁员的，决定主任的回避；

（五）审议委员会工作计划和年度工作报告；

（六）研究处理重大农村土地承包经营纠纷；

（七）审议办公室主任提交的办公室内部设置、人员聘用方案；

（八）确定办事机构经费支出的项目和标准；

（九）确定仲裁员报酬标准；

（十）修改仲裁规则、仲裁员规则、仲裁员选聘管理办法等重要规范性文件及有关仲裁员培训和管理的相关措施办法；

（十一）其他重要事项。

第五条 主任会议的议事范围包括：

（一）审议需要提交全体会议审议的事项；

（二）未列入全体会议议事范围的重要事项。

第六条 委员会全体会议由主任或者主任委托的副主任主持。根据主任、副主任或者三分之二以上的组成人员提议，可以由主任或者主任委托的副主任主持召开临时全体会议。

全体会议须有三分之二以上的成员出席方能举行。修改章程须经全体成员的三分之二以上通过，其他决议须经出席会议成员三分之二以上通过。

第七条 全体会议每年至少召开一次，遇有重要事项可随时召开。

第八条 全体会议议题由主任会议提出，主任会议议题由委员会办公室提出。

第九条 提交全体会议审议的事项，应当事先充分酝酿，认真调查研究，广泛征求意见。

会议材料应当在会议召开 5 日前送交出席会议人员。

第十条 委员会组成人员因故不能出席会议的，应当事先向召集人请假，并于会前向委员会办公室提交本人对会议审议事项的书面意见。

第十一条 出席会议人员应当对会议审议事项明确表态，表态意见包括赞成、反对、弃权。表决形式可以采取举手方式，也可以采取其他方式。

第十二条 全体会议决定的事项，应当制作会议决议或者会议纪要。

第十三条 委员会办公室工作人员因工作需要可以列席全体会议和主任会议。

第十四条 本规则由委员会主任会议负责解释。

第十五条 本规则自通过之日起施行。

安吉县农村土地承包仲裁委会仲裁证据规定

为规范仲裁案件的举证、质证及证据认定，根据《中华人民共和国农村土地承包经营纠纷调解仲裁法》的有关规定，并参照《最高人民法院关于民事诉讼证据的若干规定》、《最高人民法院关于行政诉讼证据若干问题的规定》等司法解释，结合仲裁实际情况，制定本规定。

一、举证责任与要求

第一条 当事人应当对自己的主张提供证据。

当事人提出仲裁申请或者反请求申请，应当附有符合申请条件的证据材料。

第二条 当事人对仲裁请求或者反驳仲裁请求所依据的事实，应当提供证据证明；没有证据或者证据不足以证明的，承担不利的仲裁后果。

第三条 与农村土地承包经营纠纷有关的证据由作为当事人一方的发包方等掌握管理的，该当事人应当在仲裁庭指定的期限内提供，逾期不提供的，应当承担仲裁不利的后果。

第四条 在农村土地承包合同纠纷案件中，主张合同关系成立并生效的一方当事人对合同订立和生效的事实承担举证责任；主张合同关系变更、解除、终止、撤销的一方当事人对引起合同关系变动的事实承担举证责任。

对合同是否履行发生争议的，由负有履行义务的当事人承担举证责任。

第五条 一方当事人承认另一方当事人陈述的案件事实，另一方当事人无需举证。

一方当事人未承认也未否认另一方当事人陈述的案件事实，经仲裁庭询问后，仍不表示肯定或者否定的，视为承认。

第六条 当事人委托代理人参加仲裁的，代理人在代理权限内的承认视为当事人的承认；当事人当庭对代理人超出代理权限的承认不作否认表示的，视为当事人的承认。

第七条 庭审辩论终结前，一方当事人经另一方当事人同意撤回承认或者有证据证明承认是受到胁迫或者有重大误解且与事实不符的，另一方当事人仍需举证。

第八条 有下列情形之一的，当事人无需举证：

（一）众所周知的事实；

（二）自然规律及定理；

（三）根据法律规定或者已知事实或者日常生活经验能够推定出的另一事实；

（四）人民法院的生效裁判所确认的事实；

（五）仲裁机构的生效裁决所确认的事实；

（六）有效公证文书所证明的事实。

前款（一）、（三）、（四）、（五）、（六）项，当事人提供相反证据的除外。

第九条 当事人应当提供证据的原件或者原物，也可以经仲裁庭准许并核对无异后，提供复制件或者复制品。

当事人提供外文证据材料的，应当附有中文译本。

第十条 当事人应当对提供的证据材料逐一分类编号，并说明证据材料的来源、内容和证明对象。

仲裁委办公室收到当事人提供的证据材料，应当出具收据。

二、仲裁庭收集证据

第十一条 仲裁庭认为有必要收集的证据，可以自行收集。

仲裁庭依前款规定收集证据需要当事人到场的，可以通知当事人；一方或者双方当事人未到场的，不影响仲裁庭收集证据。

第十二条 仲裁庭应当收集证据的原件或者原物；收集原件或者原物确有困难的，可以收集复制件或者复制品、照片，并在笔录中予以注明。

三、鉴定与鉴定结论审查

第十三条 当事人申请鉴定的，应当在举证期限内或者仲裁庭指定的期限内以书面方式提出。

对需要鉴定的事项负有举证责任的当事人，在举证期限内或者仲裁庭指定的期限内不提出鉴定申请或者不预交鉴定费用或者不提供相关材料，导致争议的事实不能认定的，承担举证不能的后果。

第十四条 仲裁庭同意申请人的鉴定申请，或者当事人未申请鉴定而仲裁庭认为需要鉴定的，双方当事人应当在仲裁庭指定的期限内协商选定有鉴定资格的鉴定机构；协商不成的，由仲裁庭指定。

第十五条 仲裁庭指定鉴定机构的，应当在具有鉴定资格的机构中指定。

前款规定的鉴定机构不能鉴定的，应当在省级以上行政主管部门批准的鉴定机构中指定。

第十六条 当事人申请鉴定的，应当预交鉴定费用。

当事人未申请鉴定而仲裁庭认为需要鉴定的，对需要鉴定的事项负有举证责任的当事人应当预交鉴定费用。

第十七条 当事人有义务向鉴定机构提供或者出示鉴定所需

要的文件、资料或者其他物品。

当事人与鉴定机构之间就要求提供或者出示的文件、资料或者其他物品是否与案件有关而发生争议的，由仲裁庭作出决定。

第十八条 仲裁庭应当审查鉴定报告是否具有下列内容：

（一）委托人姓名或者名称、委托鉴定的内容；

（二）委托鉴定的材料；

（三）鉴定的依据及使用的科学技术手段；

（四）对鉴定过程的说明；

（五）明确的鉴定结论；

（六）鉴定人的资格说明；

（七）鉴定人及鉴定机构签名盖章。

鉴定报告有文字、计算错误或者遗漏事项的，鉴定机构有义务补正或者补充。

第十九条 鉴定报告有下列情形之一的，当事人可以申请重新鉴定：

（一）鉴定机构或者鉴定人不具备相关事项鉴定资格的；

（二）鉴定程序严重违法的；

（三）鉴定结论依据不足的；

（四）经过质证认定不能作为证据使用的。

鉴定报告有缺陷的，可以不作重新鉴定，但可以补充鉴定、重新质证或者补充质证。

第二十条 对一方当事人自行委托鉴定机构作出的鉴定报告，另一方当事人有证据反驳并申请重新鉴定的，仲裁庭可以准许。

第二十一条 仲裁庭应当将鉴定报告副本送达当事人。当事人可以对报告提出书面意见，并有权查阅报告所依据的文件。

四、举证期限与证据交换

第二十二条 本会（庭）指定举证期限的，一般为10日，自当事人收到案件受理通知书和应诉通知书的次日起计算。

当事人可以协商确定举证期限，但应当经仲裁(委)庭认可。

第二十三条 当事人在举证期限内提供证据材料有困难的，可以申请延期举证，是否准许由仲裁庭决定。

仲裁庭准许延期举证的，不得超过两次。

第二十四条 当事人应当在举证期限内提供证据材料，期满不提供的，视为放弃举证权利。但对方当事人同意质证的除外。

仲裁庭认为不接受当事人逾期提供的证据材料会导致裁决明显不公的，可以决定接受该证据。

第二十五条 当事人增加、变更仲裁请求或者提出反请求的，仲裁庭应当重新指定举证期限。

第二十六条 仲裁庭可以根据当事人的申请组织庭前证据交换，也可以自行组织。

证据交换的时间由当事人商定或者由仲裁庭确定。

证据交换的次数一般不超过两次，最后一次证据交换日为举证期满日。

第二十七条 证据交换由首席仲裁员、独任仲裁员或者仲裁庭授权仲裁委办公室主持，并进行下列工作：

(一)无异议的事实和证据记录在卷；

(二)有异议的证据及理由记录在卷；

(三)确定当事人争议的焦点。

五、质证

第二十八条 证据应当在开庭时出示，由当事人质证；案件不开庭审理的，由当事人书面质证。

当事人在证据交换中认可的证据，经仲裁庭庭审说明后，不再质证。

第二十九条 仲裁庭依据本规定第二十四条接受当事人逾期

提供的证据材料的，应当开庭质证。

案件不开庭审理的，可以要求另一方当事人在一定期限内提交书面质证意见。

第三十条 一方当事人有权要求另一方当事人出示证据的原件、原物，但有下列情形之一的除外：

（一）出示原件或者原物确有困难并经仲裁庭准许出示复制件或者复制品的；

（二）原件或者原物已不存在，但有证据证明复制件、复制品与原件或者原物一致的。

第三十一条 当事人应当针对证据材料的真实性、关联性、合法性及证据证明力大小，进行质疑、说明与辩驳。

第三十二条 质证应当按下列顺序进行：

（一）申请人出示证据，被申请人、第三人质证；

（二）被申请人出示证据，申请人、第三人质证；

（三）第三人出示证据，申请人、被申请人质证；

仲裁庭依职权收集的证据应当在庭审时出示，听取当事人意见，并可就调查收集该证据的情况予以说明。

案件有两个以上独立仲裁请求的，可以按照请求先后质证。

第三十三条 当事人申请证人出庭作证的，应当在举证期满前以书面方式提出，并经仲裁庭许可。

第三十四条 证人出庭作证的，应当接受当事人的询问。

鉴定人应当出庭接受当事人的质询；确有原因无法出庭的，应当书面答复当事人的质询。

六、证据审核认定

第三十五条 仲裁庭应当依据证据能够证明的案件事实作出裁决。

第三十六条 仲裁员应当依据法律规定，遵循职业道德，运用逻辑推理和日常生活经验，判断证据材料有无证据能力和证明力的大小。

仲裁庭应当在裁决书中公开判断的理由。

第三十七条 对单一证据材料，仲裁庭应当审核认定下列事项：

（一）证据是否原件、原物，复制件、复制品与原件、原物是否相符；

（二）证据与本案事实是否相关；

（三）证据的形式、来源是否符合法律规定；

（四）证据内容是否真实；

（五）证人或者提供证据的人与当事人有无利害关系。

第三十八条 仲裁庭应当综合审查判断各证据与案件事实的关联程度、各证据之间的联系等。

第三十九条 下列证据不能单独作为认定案件事实的依据：

（一）与一方当事人或者代理人有利害关系的证人出具的证言；

（二）存有疑点的视听资料；

（三）无法与原件、原物核对的复制件、复制品。

第四十条 对一方当事人提供的下列证据，另一方当事人有异议但没有提供足以反驳的相反证据的，应当认定其证据能力：

（一）书证原件或者与书证原件核对无误的复制件、照片、副本、节录本；

（二）物证原物或者与物证原物核对无误的复制件、照片、录像资料等；

（三）有其他证据佐证并以合法手段取得的、无疑点的视听资料或者与视听资料核对无误的复制件。

第四十一条 对仲裁庭委托鉴定机构作出的鉴定结论，当事人没有提供足以反驳的相反证据的，可以认定其证据能力。

第四十二条 对一方当事人提供的证据，另一方当事人认可或者提供的相反证据不足以反驳的，可以认定其证据能力。

对一方当事人提供的证据，另一方当事人有异议并提供反驳证据，对方当事人对反驳证据认可的，可以认定反驳证据的证据能力。

第四十三条 双方当事人对同一事实分别提供相反的证据，但都没有足够的依据否定对方证据的，仲裁庭应当判断证据证明力的大小，并认定证明力较大的证据为定案的事实依据。

第四十四条 对当事人在申请书、答辩书、陈述以及代理人的代理词中承认的对己方不利的事实或者认可的证据，应当予以认定，但当事人反悔并有相反证据足以推翻的除外。

第四十五条 一方当事人持有证据且无正当理由拒不提供的，可以推定另一方当事人就该证据内容提出的主张成立。

第四十六条 仲裁庭就数个证据对同一事实的证明力，可以依据下列原则认定：

（一）国家机关、社会团体依职权制作的公文书证的证明力一般大于其他书证；

（二）物证、档案、鉴定结论、勘验笔录或者经过公证、登记的书证，其证明力一般大于其他书证、视听资料和证人证言；

（三）书证的证明力一般大于证人证言；

（四）原始证据的证明力一般大于传来证据；

（五）直接证据的证明力一般大于间接证据；

（六）有利害关系的证人证言的证明力一般小于其他证人证言。

第四十七条 仲裁庭应当在裁决书中阐明证据是否采纳的理由，但当事人无争议的证据可以除外。

七、其他

第四十八条 当事人对涉案专业问题可以申请仲裁庭委托专家进行认定。

第四十九条 本证据规定没有规定和涉及的，遵循《最高人民法院关于民事诉讼证据的若干规定》和《最高人民法院关于行政诉讼证据若干问题的规定》，也可以遵循通行的证据理论认定案件事实。

第五十条 本规定由本委员会负责解释。

第五十一条 本规定自本委员会第一次会议通过之日起施行。

安吉县农村土地承包仲裁委员会仲裁员选聘、管理办法

第一条 为推进《农村土地承包经营纠纷调解仲裁法》的顺利实施，提高农村土地承包经营纠纷仲裁案件审理质量，规范仲裁员的选聘和管理工作，特制定本办法。

第二条 安吉县农村土地承包经营纠纷仲裁委员会（以下简称“本委”）仲裁员应符合《农村土地承包经营纠纷调解仲裁法》第十五条的相关条件，同时还应满足下列条件：

（一）遵守《农村土地承包经营纠纷调解仲裁法》、《安吉县农村土地承包经营纠纷仲裁委员会仲裁员规则》（以下简称《仲裁员规则》）和本办法的有关规定；

（二）诚实信用、认真勤勉、注重效率；

（三）具有本办法第三条规定的学历、资历、知识、经验，熟悉仲裁规则、仲裁程序、证据规则等仲裁实务；

（四）明察善断、善于学习，具有较强的语言文字表达能力，能够组织开庭审理、制作仲裁文书，办案效果好；

（五）身体健康、精力充沛，有相应的时间从事仲裁工作；

（六）年龄不满60周岁。

第三条 不同职业、专业领域的仲裁员应满足下列各项条件：

（一）农经、林政研究、管理工作者：

1. 具有大学专科以上学历；

2. 具有中级以上职称，或农林部门专职农经、林政工作者，有较丰富的农村工作经验和较强的协调、办案能力；

3. 从事农村土地承包管理工作满五年，熟悉土地承包政策和历史。

（二）律师、法律工作者：

1. 从事律师工作3年以上或法律工作5年以上，办案经验丰富、能力强；

2. 在律师行业或法律工作者中具有良好信誉，无违纪行为或其他不良记录；

3. 能够胜任首席或独任仲裁员工作。

（三）人民调解员：

1. 从事人民调解员工作满5年，有较丰富的纠纷调解经验；

2. 熟悉农村土地承包政策、法规；

3. 公道正派，在辖区或属地的群众中有较高威信。

（四）其他方面工作者：

1. 具有5年以上农村工作经验。

2. 熟悉农村土地承包政策、法规；

3. 具有较丰富的农村土地纠纷调解经验，工作能力强；

4. 公道正派，在当地群众中有较高威信。

第四条 申请担任本委仲裁员，应当填写《安吉县农村土地承包纠纷仲裁委员会仲裁员申请表》（以下简称"申请表"），提供相关的证明资料，并保证信息真实、准确。

本委下设办公室（以下简称办公室）对申请的资料进行初步审查后，报委员会成员会议讨论。

本委决定聘任的，向申请人发放聘书，并将其列入仲裁员名册，将其身份等背景信息输入电脑查询系统。

第五条 仲裁员在聘任期内，联络方式、通讯地址载入仲裁员信息电脑查询系统。上述信息发生变化，或者外出在半年以上不能承办案件的，应及时告知本委；因工作或身体原因长期不能承办案件的，可提出辞职。

第六条 仲裁员一般任期3年。本委根据仲裁员在聘任期内履行职责情况、本人意愿及工作需要，决定是否继续聘任。

第七条 本委办公室根据本办法对仲裁员办案情况进行考核，并将情况向本委汇报。仲裁员有《仲裁员规则》和本办法规定应予解聘情形的，由办公室提出解聘意见后，报本委成员会议审议批准。

第八条 仲裁员应参加有关仲裁规则与业务方面的培训及必要考核；未参加培训的，本委将不指定其审理仲裁案件。

第九条 有下列行为之一的，将被视为有违诚信义务：

（一）未依照《仲裁员规则》履行披露义务的；

（二）明知有《仲裁员规则》第五条规定情形而不主动申请回避的；

（三）违反保密规定的。

第十条 有下列行为之一的，将被视为有违勤勉义务：

（一）开庭审理或仲裁庭合议时，迟到、早退，或者无故缺席的；

（二）开庭审理时，随便出入仲裁庭，或从事与开庭审理无关的活动的；

（三）不认真阅卷、不研究案情、不发表意见、不认真审查仲裁裁决的；

（四）违反《仲裁员规则》致使仲裁庭开庭审理、仲裁庭合议、制作裁决等审理活动变更或迟延满3次，或迟延时间累计满30天的；

（五）拒绝提供可供办案时间，或者拒绝在开庭笔录、合议笔录、材料清单上签字的；

（六）违反《仲裁员规则》规定不提供制作裁决的书面意见的；

（七）将制作裁决的职责委托给仲裁庭以外的人的；

（八）其他违反《仲裁员规则》，不认真履行仲裁员职责的行为。

第十一条 有下列情形之一的，将被视为不具备办案能力：

（一）不熟悉仲裁规则和仲裁实务的；

（二）不具备办理案件所需的法律或其他专业知识、经验的；

（三）缺乏庭审能力，思路不清或者表达能力差，不能推动仲裁程序顺利进行的；

（四）缺乏认定案件证据、事实的分析判断能力的；

（五）不能按本委要求制作裁决或提供制作裁决的书面意见的。

第十二条 仲裁员有下列情形之一的，本委将不予续聘：

（一）有本办法第九条、第十条、第十一条所列情形之一的；

（二）违反《仲裁员规则》尚未达到应予解聘的程度的；

（三）不参加统一组织的仲裁员业务学习，缺乏仲裁工作经验，且长期未承办仲裁案件的；

（四）未满足本办法第二条、第三条规定的条件，不宜作仲裁员的其他情形。

第十三条 仲裁员在聘任期限内有下列情形之一的，本委将予以解聘：

（一）隐瞒应当披露的事实，情节严重的；

（二）无故不到庭参加开庭审理的；

（三）接受当事人请客、馈赠或提供的其他利益的；

（四）违背仲裁员独立、公正立场，出现下列情形之一，情节严重的：

1. 借故拖延办案时间的；

2. 拒绝说明理由，坚持有利于一方当事人的裁决意见；或者故意曲解事实和法律，坚决支持或反对一当事人的请求和主张的；

3. 在开庭审理中，违背公正原则，代替一方向另一方质证、辩论、提出要求的；

4. 无正当理由不在裁决书上签字的；

5. 具有其他偏袒倾向的行为。

（五）向当事人透露本人的看法或仲裁庭合议情况，造成不良后果的；

（六）代人打听案件情况，或者代人向仲裁庭成员实施请客送礼或提供好处和利益行为的；

（七）审理迟延，情节严重的；

（八）因故意或重大过失，使当事人和本委利益受到损害的；

（九）违反《仲裁员规则》及本办法其他规定，情节严重的；

（十）有本办法第十二条规定的情形之一，情节严重的；

（十一）徇私舞弊，枉法裁决的。

第十四条　本委对被解聘的仲裁员，给予书面通知并说明理由。

仲裁员未被续聘，其在聘任期内承办的案件尚未审结的，可以继续审理直至作出裁决，但本人不愿意继续审理的除外；仲裁员被解聘的，不得继续审理案件，但双方当事人同意其继续审理的除外。

第十五条 有关政府主管部门对仲裁员的资格、聘任和管理另有规定的，从其规定。

安吉县农村土地承包仲裁委员会仲裁员规则

第一条 为推动我县农村土地承包纠纷仲裁事业的发展，规范仲裁员行为，特制定本规则。

第二条 仲裁员应当公正、公平、勤勉、高效地为当事人解决纠纷和争议。

第三条 仲裁员应诚实守信，只有确信自己具备下列条件，方可接受当事人的选定或安吉县农村土地承包纠纷仲裁委员会（以下简称委员会）的指定承办案件：

（一）能够公正履行职责；

（二）具有解决案件所需的知识、经验和能力；

（三）能够付出相应的时间、精力，并按照《仲裁员规则》要求的期限审理案件；

（四）参与审理且尚未审结的案件未超过 2 件。

第四条 仲裁员违规与当事人或其代理人接触的，属于不符合仲裁规则和仲裁员道德规范的行为。

第五条 仲裁员有下列情形之一的应当主动向委员会申请回避并向委员会披露实情：

（一）是本案的当事人、代理人或当事人、代理人的近亲属的；

（二）与本案结果有利害关系的；

（三）对于本案事先提供过咨询的；

（四）私自与当事人或其代理人讨论案件情况，或者接受当事人、代理人请客、馈赠或提供的其他利益的；

（五）在本案为当事人推荐、介绍代理人的；

（六）担任过本案或与本案有关联的案件的证人、鉴定人、勘验人、辩护人、代理人的；

（七）与当事人或代理人有同事、代理、雇佣、顾问关系的；

（八）与当事人或代理人为共同权利人、共同义务人或有其他共同利益的；

（九）与当事人或代理人有较为密切的交谊或嫌怨关系的；

（十）其他可能影响公正仲裁的情形。

第六条 仲裁员在仲裁过程中应平等、公允地对待双方当事人，避免使人产生不公或偏袒印象的言行。仲裁员对当事人、代理人、证人、鉴定人等其他仲裁参与人应当耐心有礼，言行得体，避免失当。

第七条 仲裁员不得以任何直接或间接方式接受当事人或其代理人的请客、馈赠或提供的其他利益。

第八条 仲裁员在仲裁期间不得私自会见一方当事人、代理人，接受其提供的证据材料。

第九条 仲裁员不得代人打听案件情况或代人向仲裁庭成员实施请客送礼或其他提供好处和利益。

第十条 仲裁员应认真勤勉地履行自己的全部职责，在规定的期限内尽可能迅速审结案件。

第十一条 仲裁员应当独立地审理案件，不因任何私利、外界压力而影响裁决的公正性。

第十二条 仲裁员应忠实履行保密义务，不得向当事人或外界透露本人的看法和仲裁庭合议的情况，对涉及仲裁程序、仲裁裁决、当事人的商业秘密等所有相关问题均应保守秘密。

受理员工作职责

（一）受理员负责接待当事人，对收件进行形式审查，必要时给予适当的指导；符合受理条件的，对其中一份加盖正本章；当事人不能书写申请且委托他人代写有困难的，要求其如实提供案件情况和联络方式，记入笔录并向其宣读，确认无误后交其签名或者捺印。

（二）核对当事人（农户含家庭成员）身份；

（三）核对证据原件，并在提交仲裁庭的证据正本复印件上加盖与原件核对无误章；

（四）建立卷宗目录并随时增补；

（五）受理员可以专职，也可由书记员、办公室人员兼任，不得由本案仲裁员兼任。

书记员工作职责

（一）办理庭前准备过程中的事务性工作；

（二）检查仲裁庭开庭时仲裁参与人的出庭情况，宣布仲裁庭纪律；

（三）担任仲裁案件审理过程中的记录工作；

（四）与档案员一起整理、装订、归档案卷材料；

（五）完成领导交办的其他事务性工作。

档案员工作职责

（一）严格做到一案一卷制度，对每个审结的案件及时按仲裁流程进行科学的分类、编目、登记、归档。

（二）主动做好与仲裁员、受理员、书记员等的工作衔接，做好每个案件资料和办公室文件资料的收集、积累和立卷归档工作。

（三）保持档案室卫生，定期不定期检查所保管的档案材料，确保档案材料完好无损，并做好相关的记录。

（四）做好档案的借、查阅工作，未经领导同意不得借、查阅档案。应认真登记每次借、查阅情况。

（五）调提档案必须办理有关手续。

（六）完成领导临时安排的工作。

辽宁省县级农村林地承包仲裁机构建设标准

为进一步规范我省各地农村林地承包仲裁机构，确保公平、公正、及时、准确解决农村林地承包经营纠纷，切实维护当事人合法权益，根据《农村土地承包经营纠纷调解仲裁法》、《农村土地承包经营纠纷仲裁规则》，结合辽宁省实际情况，制定县级农村林地承包仲裁机构建设标准。

一级标准

1. 成立农村林地承包仲裁委员会，下设办公室，负责林地承包经营纠纷调解仲裁日常工作。办公室设在林业部门。

2. 持有全省统一式样农村土地承包仲裁员资格证书的林业仲裁员数量达到 7 人以上，有专职人员负责林地承包仲裁案件受理及相关林业政策咨询工作。

3. 有固定的仲裁场所，能够及时有效开展仲裁工作。

4. 拥有必要的仲裁设备，包括计算机、打印机、复印机、GPS、照相机、摄像机等，仲裁场所有监控设备。

5. 建立健全规章制度和仲裁程序，严格按照规定程序开展工作。

6. 仲裁员在庭审过程中，要统一着装。

7. 相关仲裁文书等资料要依法立卷、归档。

二级标准

1. 在农村土地承包仲裁委员会办公室中单设林业仲裁处，负责林地承包经营纠纷调解仲裁日常工作。林业仲裁处设在林业部门。

2. 持有全省统一式样农村土地承包仲裁员资格证书的林业仲裁员数量达到5人以上，有专职人员负责林地承包仲裁案件受理及相关林业政策咨询工作。

3. 有必备的仲裁场所，能够有效开展仲裁工作。

4. 拥有必要的仲裁设备，包括计算机、打印机、复印机、GPS、照相机、摄像机等，仲裁场所有监控设备。

5. 建立健全规章制度和仲裁程序，严格按照规定程序开展工作。

6. 仲裁员在庭审过程中，要着装整洁。

7. 相关仲裁文书等资料要依法立卷、归档。

三级标准

1. 在农村土地承包仲裁委员会中有林业部门代表，发生林业仲裁案件时能组建林业仲裁庭，开展林业仲裁工作。

2. 持有全省统一式样农村土地承包仲裁员资格证书的林业仲裁员数量达到3人以上，有专职或兼职人员负责林地承包仲裁案件受理及相关林业政策咨询工作。

3. 具备能正常开庭的仲裁场所。

4. 拥有必要的仲裁设备，包括计算机、打印机、复印机、GPS、照相机、摄像机等。

5. 建立健全规章制度和仲裁程序，严格按照规定程序开展工作。

6. 仲裁员在庭审过程中，要着装整洁。

7. 相关仲裁文书等资料要依法立卷、归档。

贵州省高级人民法院
关于审理林权民事纠纷案件的指导意见

为贯彻党的十七届三中全会《关于推进农村改革发展若干重大问题的决定》及《中共中央国务院关于全面推进集体林权制度改革的意见》的精神，推进我省发展现代化农业和集体林权制度改革，依法维护当事人合法权益，促进农村社会稳定和经济发展，根据《中华人民共和国物权法》、《中华人民共和国农村土地承包法》、《中华人民共和国森林法》、《最高人民法院关于审理涉及农村土地承包纠纷案件适用法律问题的解释》以及国家林改政策等规定，结合贵州省实际，就审理林权民事纠纷案件提出如下指导意见：

一、关于案件的受理

1. 林权是指森林、林木、林地的所有权和使用权。

《林权证》是权利人享有森林、林木和林地所有权或者使用权的法律凭证。

2. 下列涉及林权的民事纠纷，人民法院应当依法受理：(1)林地承包合同纠纷；(2)林地承包经营权侵权纠纷；(3)林地承包经营权流转纠纷；(4)林地征收补偿费用分配纠纷，其中包括林地补偿费、安置补助费给付纠纷、林木和地上附着物补偿费给付纠纷等；(5)林地承包经营权继承纠纷；(6)林木转让合同纠纷；(7)林地、林木权属清楚，发生的侵权纠纷。

3. 以下纠纷不属人民法院受理的民事案件，应告知当事人向有关行政机关申请处理：(1)因林地被依法征收，对被征林地、林木补偿标准不服的；(2)因林地所有权、使用权权属不清发生争议的；(3)林地合法流转后，受让人私自改变林地用途，承包人请求对其进行处罚的。

二、关于林地承包合同效力

4. 1988 年 6 月 1 日《村民委员会组织法(试行)》施行前所签订的林地承包合同，一方当事人以违反民主议定原则为由主张合同无效的，不予支持。

5. 1988 年 6 月 1 日至 1998 年 11 月 4 日《村民委员会组织法》施行前，该期间所签订的林地承包合同，发包方所作决定虽然违反民主议定原则，但合同内容没有损害集体和村民利益，原则上认定合同有效。

6. 1998 年 11 月 4 日《村民委员会组织法》实施后至 2003 年 3 月 1 日《中华人民共和国农村土地承包法》实施前，发包方违反了民主议定原则签订的林地承包合同，损害了集体和村民利益，一般认定合同无效。

但承包合同自签订之日起超过一年，或者虽未超过一年，承包人已实际大量投入的，一方当事人要求确认该承包合同无效或者要求终止该承包合同的，原则上不予支持。若合同继续履行显失公平，当事人协商变更又无法达成一致的，可根据发生变更的实际情况，依照公平原则处理。

7. 2003 年 3 月 1 日《中华人民共和国农村土地承包法》实施以后签订的承包合同，应严格遵循民主议定原则。

8. 涉及依据民主议定原则确定合同效力时，下列情况作如下处理：(1)集体林木转让合同未经民主议定，但受让人系善意，且支付了合理的价款并已经依法办理林权证，转让合同已实际履行完毕，原则上认定转让合同有效；(2)以其他方式承包的宜林荒山、荒地，虽然事先未经民主议定程序取得同意，但实际采取招标、拍卖、公开协商方式承包的，不认定为违反民主议定原则。

9. 村民委员会或村集体经济组织未经村民小组同意，发包或者转让村民小组所有的林地、林木，村民小组要求确认发包或者转让合同无效的，应予支持。但村民小组知道或者应当知道该事实，而在合理期限内未明确提出异议的，应当视为其同意。

三、关于林地流转合同纠纷

10. 集体林地发包后，承包人将林地承包经营权以转包、出租、互换或者其他方式流转的，该流转合同一方当事人以合同签订时违反民主议定原则为由，请求确认合同无效的，不予支持。

11. 承包方未经发包方同意，采取转让方式流转其林地承包经营权的，转让合同无效。但发包方无法定理由不同意或者拖延表态的除外。

12. 承包方依法采取转包、出租、互换或者其他方式流转林地承包经营权，发包方仅以该林地承包经营权流转合同未报其备案为由，请求确认合同无效的，不予支持。

13. 合同当事人以未进行林权变更登记为由，请求确认互换或者转让合同无效的，不予支持。未经登记的，不得对抗善意第三人。

14. 林地承包经营权互换只限于同一集体经济组织内部承包人之间进行。

承包人是否属于同一集体经济组织，可以双方户籍是否同一为基准，综合承包人生活基础、承包合同发包人是否同一等因素认定。

15. 林地承包经营权流转合同双方当事人对于流转合同的性质为转包或者转让、出租或转让分别举出相反的证据，但都没有足够的依据否定对方证据的，原则上应当认定该流转合同性质为转包或者出租合同。

16. 未经农户全部家庭成员同意所签订的林地承包经营权流转合同，其他成员要求确认合同无效的，人民法院应当予以支持。但具有下列情形之一的，一般不予支持：(1)流转合同签订人为《林权证》或者林权登记簿记载的林权权利人；(2)未依法登记取得《林权证》等证书的，流转合同签订人为原承包合同上签字的人；(3)流转合同签订之日起超过一年或者虽未超过一年，但已经实际进行大量投入的；(4)流转合同已向集体经济组织备案的；(5)其他家庭成员知道或者应当知道该流转事实之日起，在一年内未明确提出异议的。

17. 未经批准，改变生态公益林性质的林地承包经营权流转合同应当认定无效。

18. 承包方依法以林地承包经营权、林木所有权进行抵押的，合同约定的抵押期限未超过剩余承包期限、也未改变林地集体所有的性质和用途的，应认定抵押合同有效。

19. 以其他方式承包的林地存在两个以上承包合同的，依照下列原则确定受让人：已登记并取得《林权证》的一方取得；各方均未登记领取《林权证》的，以合同生效在先的一方取得；未取得《林权证》且合同生效时间相同或者不能确定的，由合法实际占有、投入的一方取得承包经营权。

发包方有过错，未取得承包经营权的一方可请求其承担相应的民事责任。

20. 以其他方式承包的，本集体经济组织成员在同等条件下主张优先承包权的，应予支持。但发包方已依法通过民主议定程序发包，并报乡（镇）人民政府批准后，本集体经济组织成员主张优先承包权的，不予支持。

四、关于林权继承及征收补偿等纠纷

21. 林地承包人死亡，其继承人请求在承包期内继续承包的，应予支持。继承人的身份不限于本集体经济组织成员。

22. 林地征收补偿费归林地所有人或者使用人所有。

林地承包经营权人确有证据证明其为提高荒山、荒坡生产能力而进行了长期投入，要求发包方给予相应补偿的，应予支持。

23. 放弃统一安置的家庭承包经营权人，请求发包方给付已收到的安置补助费的，应予支持。

24. 除双方合同另有约定外，地上附着物和林木的补偿费归地上附着物和林木的所有人所有。

25. 由于历史、政策变化等因素导致的，一方在权属不清的情况下越界在他方荒山、荒地营造并管理了人工林的，对林木收益发生争议的，可参照一个主伐期内的林木收益，按林地所有方得30%~40%、种植管理林木方得60%~70%的比例分配。

26. 需对林权价值进行评估的，人民法院可委托当地县级以上林业部门评估。

五、其他规定

27. 审理林权纠纷案件，要尊重历史和现实情况，从有利于社会和谐稳定，有利于保护、培育和合理利用森林资源，有利于保护农民合法权益出发，着重以调解方式解决纠纷。

28. 本意见对二〇〇九年四月七日后，贵州省人民法院受理、审理的案件具有指导性，但在法律文书中不宜引用。

四川省人民政府办公厅
关于进一步规范有序进行农村土地承包经营权流转的意见

川办发〔2009〕39号

各市(州)、县(市、区)人民政府，省直有关部门：

为确保农村土地承包经营权流转(以下简称“土地流转”)依法、规范、有序、稳妥进行，加强土地流转管理和服务，健全土地流转管理制度，现提出如下意见：

一、提高对依法规范有序进行土地流转的认识

近年来，各地认真贯彻落实农村土地承包的法律法规和政策，农村土地流转规模逐步扩大。土地流转对稳定农村土地承包关系、促进城乡统筹发展、推动农村劳动力转移、推进现代农业发展和促进农业增效农民增收发挥了积极作用。但同时要注意个别地方在加快土地流转过程中存在的一些问题，尤其要注意防止发生违背农民意愿强行流转、借土地流转之名收回农户承包地搞招标承包租赁、低价长时间一次性流转农民承包地、将土地大面积流转给城市工商企业、借土地流转之名改变土地用途、业主经营不善导致农民丧失土地承包经营权、截留或拖欠农民流转收益、因非自愿流转而失地引发社会矛盾以及流转不规范引发纠纷等问题。为此，各级各部门要充分认识规范有序进行土地流转的

重要意义，进一步加强土地流转的引导管理，促进其规范有序进行，切实维护农民长远利益和受让方合法权益，促进农业农村经济持续稳定发展。

二、把握土地流转的总体要求和基本原则

（一）总体要求

坚持农村基本经营制度，以稳定农村土地承包关系为基础，建立健全规范有序的土地流转机制，切实保障农民对承包土地的占有、使用、收益等合法权利，促进土地流转与创新农民持续稳定增收利益联结机制相协调，与推进农业产业结构调整和确保粮食安全相统一，与建设现代农业产业基地和发展农业产业化经营相结合，与推进农村全面小康建设和新农村建设相一致，维护农村经济秩序和社会稳定。

（二）基本原则

——坚持“依法、自愿、有偿”的原则。对自愿流转土地的农户，任何组织和个人不得干预其流转；对个别不愿流转土地的农户，不得以少数服从多数的办法强迫其流转，确实影响到土地集中连片进行农田基本建设、农业技术推广等的，可通过和农户之间土地互换、与集体机动地互换等办法解决。要在确保农户土地流转收益持续高于其自主经营土地收入情况下依法推进。

——坚持“三个不得”的原则。土地流转不得改变土地集体所有性质、不得改变土地用途、不得损害农民土地承包权益，工作中不刮风、不评比、不攀比。

——坚持“稳制、分权、搞活”的原则。在稳定土地家庭承包经营制的前提下，实行土地所有权、承包权和经营权相分离，坚持集体所有权、稳定农户承包权、放活经营使用权。

——坚持“集中、连片、规模”的原则。土地流转要与现代农业产业发展规划和产业化经营相结合，支持农民以多种联合、合

作方式流转土地，实行相对集中、连片开发，促进农业标准化、规模化、产业化生产。

三、推进土地流转模式创新

要总结提升推广各地行之有效的土地流转模式，创新丰富土地流转机制。

（一）股份合作

鼓励农民以土地承包经营权的收益权入股合作社或农业企业，引导农民参与连片开发，统一进行农业生产经营活动，形成共享收益、共担风险的合作机制。

（二）基地带动

通过建立现代农业产业基地、农业科技示范基地，改善农业基础设施，引导周边农户与龙头企业、核心基地业主建立利益联结机制，将承包地成片流转给企业、大户集中经营，引导资金、技术等要素向现代农业集聚。

（三）租赁经营

鼓励农民将承包地租赁给种植大户经营，减少因农民外出务工或无力自主经营造成的耕地撂荒。

（四）互换重组

鼓励同组（社）农户以互换方式进行土地连片经营，实现农户承包地块相对集中，提高户营规模效益。

（五）托管经营

鼓励土地流转服务机构托管农户自愿委托流转的承包地，可自行从事农业生产经营，也可统一流转给农业生产经营主体。

（六）组织代耕

鼓励村社集体经济组织、土地代耕合作社代耕农户无力耕种或不愿耕种的承包地，防止耕地撂荒。

（七）转让经营

鼓励长期举家外出务工经商且有稳定收入来源的农户，经发包方同意，将所承包的土地有偿转让给种植大户经营。

四、规范土地流转程序

（一）确权登记

切实做好土地承包面积、地块、合同和经营权证四到户工作，建立健全土地承包经营权登记制度。

（二）平等协商

指导、引导承包方与受让方就流转方式、期限和具体合同要件等进行平等协商；承包方也可书面委托发包方代其与受让方协商。

（三）订立合同

在乡镇农村土地承包管理机构监督下，土地流转双方依法签订合同；经承包方书面委托，发包方或中介组织可代表承包方与受让方签订土地流转合同。

（四）备案归档

土地流转合同一式 5 份，流转双方各执一份，发包方、乡镇农村土地承包管理机构和县级农业或林业行政主管部门各备案一份。同时乡镇农村土地承包管理机构应建立“一社一册、一户一页、一地一格”的土地流转台账，随土地流转信息、土地流转合同及其他规范性流转书面材料等一并整理归档。

五、建立健全土地规范有序流转机制

（一）建立土地流转管理和服务的工作机制

推行统一规范的土地流转合同示范文本。省级农业行政主管部门要抓紧修订完善不同土地流转形式的合同示范文本，完善合同要素，规范流转行为。涉及林地流转的，应按林业主管部门制定的《四川省林地流转合同》（格式文本）签订书面合同。积极开展土地流转服务试点。鼓励支持有条件的县(市、区)、乡(镇)建立土地流转服务组织，提供有关法律政策宣传、供求信息、程序咨询等服务，搭建服务平台和网络，建立和完善土地流转市场。开展土地流转价格评估试点。有条件的县(市、区)可开展土地流转价格评估体系建设试点，建立和完善土地流转价格评估机制，发布土地流转指导价格，促进土地流转公平公正合理。

(二)建立土地流转各方利益联结机制

鼓励支持农民专业合作社成员以土地承包经营权的收益权作价出资入股经营，实现合作社与社员利益的有机联结；鼓励支持农民专业合作社、协会组织农民进行土地流转合作连片开发，与龙头企业、大户建立有效的利益联结机制，让农民更多地分享土地经营增值收益；鼓励支持农民以土地承包经营权的收益权和资金、技术、劳动力等入股，与龙头企业、大户进行多种形式的联合与合作，农民可获得保底租金、务工等收入，同时还可获得利润分红。

(三)建立土地流转扶持机制

各级人民政府要整合涉农项目资金，结合农村土地流转，重点扶持规模化农业产业基地、优质粮食基地建设。工商行政管理部门要在合作社登记方面，积极支持以土地承包经营权的收益权作价出资设立的农民专业合作社。土地流转受让方直接用于经营性养殖的畜禽舍、工厂化作物栽培、水产养殖的必要生产设施用地及绿化隔离带用地，按照农用地管理，不需办理农用地转用审批手续；管理和生活用房、疫病防控设施、饲料储藏用房、硬化道路等附属设施，属于永久性建(构)筑物，其用地比照农村集体建设用地管理，需依法办理农用地转用审批手续。用于发展生产的电、水应视为农业用电用水。金融部门要把参与规模经营的产业化龙头企业、种植大户、农民专业合作社、农业企业纳入支持和服务范围。

（四）建立土地流转风险防范机制

各级农业行政主管部门要切实履行职能，加强与纪检、监察、纠风、司法、信访、国土资源等部门的沟通协作，重点纠正和查处违背农民意愿强迫流转等严重侵害农民土地承包权益和非法改变流转土地农业用途等问题。可以土地流转租金为基数，向受让方提取一定比例的风险保证金，专户储蓄，共同管理，仿止挪用，合同期满，如无违约，则如数退还风险保证本金及利息。

（五）建立土地流转纠纷调处机制

开展土地承包纠纷仲裁试点，建立规范的仲裁制度、程序和办法，提高调处土地流转纠纷的水平。改进土地流转纠纷仲裁的方式，尽可能将仲裁开庭地点设在发生纠纷的村（组），加强法制宣传，推进土地流转纠纷仲裁工作重点前移。发挥基层人民法院、乡（镇）、村（组）调解组织在调处土地流转纠纷中的积极作用。各相关部门要加强协作，建立健全协商、调解、信访、仲裁、司法等多渠道调处土地流转纠纷的工作机制。

六、加强对土地流转工作的组织领导

（一）强化土地流转工作领导

各级各部门要深入基层，研究新情况、解决新问题，不断总结经验，完善制度措施，提高搞好土地流转工作的能力和水平。乡（镇）要明确承担土地承包及土地流转管理工作的机构和人员，掌握土地流转动态，依法解决土地流转中的问题，确保土地流转工作有序开展。

（二）加强农经管理机构队伍建设

各级农经管理机构具体负责农村土地承包及土地流转的管理工作。各级人民政府要加强农经管理机构和队伍建设，强化农经管理机构工作职能，建立健全职能明确、权责一致的农经行政管理体制，发挥其在土地流转工作中的行政执法、行政管理、行政监督的职能作用。

（三）完善土地流转工作机制

加强土地流转管理服务工作制度化、经常化和规范化建设，形成各级党委、政府统一领导，农业行政主管部门组织协调，相关部门协调配合监督，农经管理机构负责具体管理和服务的工作机制，积极稳妥推进农村土地承包经营权依法、规范、有序流转。

（四）加大土地流转督查力度

建立督导检查机制，各级人民政府要成立土地流转督导组，定期不定期对本地区土地流转情况进行督导检查，并对检查中发现的问题予以跟踪督办。对违反“依法、自愿、有偿”和“三个不得”原则，强迫农民流转承包地和改变土地用途，侵害农民土地承包权益的行为，有关部门要依法给予处罚。

二〇〇九年七月二十二日

四川省林业厅关于印发《四川省林地承包合同》（示范文本）和《四川省林地流转合同》（格式文本）的通知

川林发〔2008〕18号

各市、州林业局，成都市林业和园林管理局：

根据《四川省〈中华人民共和国农村土地承包法〉实施办法》第七条第四款关于“耕地、林地承包合同的示范文本由省人民政府农业、林业行政主管部门分别制定”和第三十条关于“流转双方当事人应当按照省人民政府农业、林业行政主管部门分别制定的耕地、林地流转格式文本，依照法律规定的程序签订书面合同”的规定，我厅制定了《四川省林地承包合同》（示范文本）和《四川省林地流转合同》（格式文本），现印发你们，请认真遵照执行。执行中有什么问题，请及时反馈我厅。

特此通知。

附件：

1.《四川省林地承包合同》（示范文本）

2.《四川省林地流转合同》（格式文本）

四川省林业厅

二〇〇八年二月二十八日

四川省林地承包合同范本

村　　组林地　　包字[1]〔　　〕第　　号

发包方(甲方)：　　乡(镇)　　村　　组　　负责人：
住所：　　联系方式：
承包方(乙方)：　　乡(镇)　　村　　组　　承包方代表：
住所：　　联系方式：

为维护林地承包双方当事人的合法权益，促进林业发展和农村社会稳定，根据《中华人民共和国农村土地承包法》、《中华人民共和国合同法》、《四川省〈中华人民共和国农村土地承包法〉实施办法》及有关法律、法规等规定，按照本集体经济组织成员的村民会议三分之二以上成员或者三分之二以上村民代表同意的林地承包方案，经双方协商一致(或通过招标、拍卖、公开协商等)，订立本合同。

① 属家庭承包的填写“家”字；属以招标、拍卖、公开协商等其他方式承包的填写“他”字。

一、承包林地的基本情况及承包方式、承包期限

序号	坐落位置（小地名）	四至界线及相邻权利人名称				面积（亩）	林地资源现状［树种组成／平均年龄（年）／株数（株）／蓄积（M^3）］	承包方式（家庭、其他）	承包期限（年）／起止时间（年、月、日）
		东／相邻人名称	南／相邻人名称	西／相邻人名称	北／相邻人名称				
1									
2									
3									
4									
5									
6									

二、承包林地的用途

本承包林地必须用于林业生产，未经依法批准，不得用于非林建设。

三、双方的权利和义务

（一）甲方的权利和义务

1. 权利

（1）依法享有承包林地的所有权。

（2）监督乙方依照本合同约定的用途合理利用和保护林地。

（3）有权制止乙方损害承包林地和其他森林资源的行为。

（4）享有承包时已有林木______%的所有权和使用权。

（5）有权获得以其他方式承包林地的承包收益。

2. 义务

（1）确认前述承包的林地、林木产权清晰，没有权属纠纷和经济纠纷；不是甲方债务的抵押物。如在承包后发现原来存在林地、林木权属纠纷和经济纠纷的，由甲方负责处理并承担相应责任。

（2）维护乙方的林地承包经营权，不得非法变更、解除承包合同。

(3)尊重乙方的生产经营自主权，不得干涉乙方依法进行正常的生产经营活动。

(4)协助乙方申领林权证。

(5)依照本合同约定为乙方提供生产、技术、信息等服务。

(二)乙方的权利和义务

1. 权利

(1)依法享有承包林地使用、收益和对林地承包经营权采取转包、出租、互换、转让或者其他方式进行流转的权利，有权自主组织生产经营和依法处置林木及产品。有权与其他农户联合，将承包经营权入股，从事林业合作生产。

(2)有权享受国家优惠政策和扶持。

(3)承包林地被依法征用、占用的，有权依法获得相应的补偿。

(4)对以家庭承包方式承包林地的，在承包期内，乙方家庭内部成员分户需要对承包林地进行分割经营的，可经家庭成员协商一致后，以原承包合同为依据，各分立的家庭分别与甲方签订承包合同，并依法申办林权证变更登记手续。

(5)享有承包时已有林木______%的所有权和使用权。

(6)在下一轮承包时，同等条件下，享有优先承包权。

(7)林地承包的承包人死亡，其继承人可以在承包期内依法继续承包。

2. 义务

(1)维持承包林地的林业用途，不得用于非林建设或者闲置荒芜。

(2)落实造林和管护措施。荒山应在______年内造林。林木采伐后应在当年或次年更新。

(3)依法保护和合理利用林地，不得自行或准许他人在承包林地内毁林开垦、采石、挖沙、取土等给林地造成永久性损害的行为。在承包林地内发生毁林和乱占滥用林地行为时，应采取积极措施予以制止，并及时向有关部门报告。

(4)依法做好森林防火和林业有害生物防治工作。

(5)承包期内，转让林地承包经营权的，应经甲方同意；转包、出租、互换或者以其他方式流转林地承包经营权的，应当报甲方备案。

(6)及时、足额(或足量)支付以其他方式承包林地的承包费(或实物)。

(三)双方的其他权利和义务

1. 甲乙双方均可行使和履行国家法律法规规定的其他权利和义务。

2. 乙方对流转林地造成永久性损害的，甲方有权要求乙方赔偿由此造成的损失。

3. 承包林地在承包合同期内被依法征用、占用的，林地补偿费由甲方与乙方按__________比例分成。

4. 承包期满后，未采伐林木的处理约定：

5. 其他：

四、以其他方式承包林地的价款及支付方式、支付时间

乙方按每亩__________支付林地承包费(或实物)，合计__________；林地上已有林木一并承包给乙方的，价格为每亩__________，合计__________。共计__________(大写：__________________________)。

支付方式(现金、实物、分期兑付等)：

支付时间：

五、违约责任及其他约定事项

1. 甲乙双方应严格履行本合同。如一方当事人违约，应向守

约方支付违约金。违约金数额为__________元(大写：__________________元)。给对方造成损失的，依法承担赔偿责任。

2. 本合同按以下第__________种方式生效，不因甲方负责人或乙方代表的变更而影响本合同的法律效力。

(1)甲乙双方签订之日起生效。

(2)甲乙双方签字并经县级林业行政主管部门鉴证之日起生效。

3. 因本合同的订立、效力、履行、变更及终止等发生争议时，甲乙双方应协商解决或提请村民委员会、乡(镇)人民政府等调解；协商、调解不成的，按下列第__________种方式解决：

(1)提请林地承包仲裁机构仲裁；

(2)向有管辖权的人民法院提起诉讼。

4. 本合同如属完善原责任山承包合同，原责任山承包合同与本合同相抵触的，以本合同为准。

5. 其他约定事项：

6. 如遇自然灾害等不可抗力因素，使本合同无法履行或不能完全履行的，不视为违约行为，依法可免除或减轻责任。

7. 本合同未尽事宜，由双方协商签订补充协议。补充协议与本合同具有同等法律效力。

8. 本合同一式四份，甲、乙双方和乡(镇)人民政府、县级林业行政主管部门(鉴证单位)各执1份。

发包方(签字、盖章)：　　　　承包方(签字、盖章)：

年　　月　　日　　　　　　　年　　月　　日

鉴证单位(签字、盖章)：

年　　月　　日

附件：

1. 承包林地附图；

2. 甲方将不宜采取家庭承包方式的荒山、荒沟、荒丘、荒滩等农村土地，以招标、拍卖、公开协商等其他方式发包给本集体经济组织以外的单位或者个人承包的，应提供：(1)甲方权属证明复印件；(2)甲方集体经济组织成员会议或村民代表会议三分之二以上多数同意对外承包的票决记录复印件；(3)乡(镇)人民政府批准意见书。

四川省林地流转合同范本

村　　组林地流字〔　　〕第　　号

流出方(甲方)：　　　　　　　　法定代表人(或自然人)：
住所：　　　　　　　　　　　　联系方式：
流入方(乙方)：　　　　　　　　法定代表人(或自然人)：
住所：　　　　　　　　　　　　联系方式：

甲乙双方根据《中华人民共和国农村土地承包法》、《中华人民共和国合同法》、《四川省〈中华人民共和国农村土地承包法〉实施办法》及有关法律、法规等规定，本着平等、自愿、有偿的原则，经协商一致(或通过招标、拍卖、公开协商等)，订立本合同。

一、流转林地基本情况及流转方式、流转期限

序号	坐落位置(小地名)	四至界线及相邻权利人名称				面积(亩)	林地资源现状[树种组成／平均年龄(年)／株数(株)／蓄积(M^3)]	流转方式(转包、租赁、互换、转让等)	流转期限(年)／起止时间(年、月、日)
		东／相邻人名称	南／相邻人名称	西／相邻人名称	北／相邻人名称				
1									
2									
3									
4									
5									
6									

二、流转林地的用途

本流转林地必须用于林业生产，未经依法批准，不得用于非林建设。

三、双方的权利和义务

(一)甲方的权利和义务

1. 权利

(1)有权依法自主决定林地承包经营权是否流转和流转的方式。

(2)有权依法获得流转收益。

(3)有权按本合同约定流转林地期限，在期满后收回流转林地经营权。

2. 义务

(1)确认前述流转林地产权清晰，没有权属纠纷和经济纠纷；不是甲方债务的抵押物。如在流转后发现原来存在林地、林木权属纠纷和经济纠纷的，由甲方负责处理并承担相应责任。

(2)维护乙方的林地承包经营权，不得非法变更、解除流转合同。

(3)尊重乙方的生产经营自主权，不得干涉乙方依法进行正常的生产经营活动。

(4)承包期内，转让林地承包经营权的，应经发包方同意；转包、出租、互换或者以其他方式流转林地承包经营权的，应当报发包方备案。

(5)协助乙方申领林权证。

(二)乙方的权利和义务

1. 权利

(1)依法享有流转林地使用、收益和对林地承包经营权进行再流转的权利，有权自主组织生产经营和依法处置林木及产品。

有权与其他承包方联合，将承包经营权入股，从事林业合作生产。

(2)有权享受国家优惠政策和扶持。

(3)流转林地被依法征用、占用的，有权依法获得相应的补偿。

(4)流入方死亡，其继承人可以在流转期内继续经营。

2. 义务

(1)维持流转林地的林业用途，不得用于非林建设或者闲置荒芜。

(2)落实造林和管护措施。荒山应在______年内造林。林木采伐后应在当年或次年更新。

(3)依法保护和合理利用林地，不得自行或准许他人在流转林地内毁林开垦、采石、挖沙、取土等给林地造成永久性损害的行为。在流转林地内发生毁林和乱占滥用林地行为时，应采取积极措施予以制止，并及时向有关部门报告。

(4)依法做好森林防火和林业有害生物防治工作。

(5)按时、足额(或足量)支付林地流转费(或实物)。

(6)流转期内，将合同约定其享有的部分或全部经营权进行再流转的，必须经原承包方同意并出具书面意见。再流转的期限不得超过该林地扣除已使用期限后的剩余年限。

(三)双方的其他权利和义务

1. 甲乙双方均可行使和履行国家法律法规规定的其他权利和义务。

2. 乙方对流转林地造成永久性损害的，甲方有权要求乙方赔偿由此造成的损失。

3. 甲乙双方应当在本流转合同签订之日起______日内，持原林权证书和本流转合同，共同到原办证单位作林权变更登记。

4. 流转林地上原有林木的处理约定：

流转期满后，未采伐林木的处理约定：

5. 其他：

四、流转价款和支付方式、支付时间

本合同约定林地流转价款为__________；流转林地上林木一并转让给乙方的，价格为__________。共计__________（大写：____________________）。

支付方式（现金、实物、分期兑付等）：

支付时间：

五、违约责任及其他约定事项

1. 双方应严格履行本合同。如一方当事人违约，应向守约方支付违约金。违约金数额为__________元（大写：____________________元）。给对方造成损失的，依法承担赔偿责任。

2. 本合同按以下第__________种方式生效。不因甲、乙双方法定代表人的变更而影响本合同的法律效力。

（1）甲乙双方签订之日起生效。

（2）甲乙双方签字并经县级林业行政主管部门鉴证之日起生效。

3、因本合同的订立、效力、履行、变更及终止等发生争议时，甲乙双方应协商解决或提请村民委员会、乡（镇）人民政府等调解；协商、调解不成的，按下列第__________种方式解决：

（1）提请林地承包仲裁机构仲裁；

（2）向有管辖权的人民法院提起诉讼。

4. 其他约定事项：

5. 本合同未尽事宜，经双方协商一致可签订补充协议。补充协议与本合同具有同等法律效力。

6. 本合同一式五份，甲、乙双方和发包方、乡（镇）人民政府、县级林业行政主管部门(鉴证单位)各执1份。

甲方(签字、盖章)：　　　　　　乙方(签字、盖章)：
年　　月　　日　　　　　　　　年　　月　　日
鉴证单位(签字、盖章)：
年　　月　　日

附件：

1. 流转林地附图；

2. 甲方林权证复印件；

3. 属再流转的，流出方应提供原承包方同意流转的书面意见和发包方书面同意或备案的相关证明材料。并在合同生效后终止原有的承包关系。

关于推行《广东省林地流转合同》和《广东省林地承包合同》示范文本的通知

粤林〔2011〕1 号

各市林业局、工商行政管理局，广州市林业和园林局、工商行政管理局，深圳市城市管理局、市场监督管理局，珠海市市政园林和林业局，阳江市农业和林业局，各县（市、区）林业局、工商行政管理局，佛山市顺德区市场安全监管局，省林业局直属有关单位：

为贯彻落实中共中央、国务院《关于全面推进集体林权制度改革的意见》（中发〔2008〕10 号）和省委、省政府《关于推进集体林权制度改革的意见》（粤发〔2008〕14 号），全面推进林权制度改革，切实加强林地流转管理，依法规范流转行为，维护当事人的合法权益，根据《中华人民共和国合同法》、《中华人民共和国农村土地承包法》、《中华人民共和国森林法》和国家林业局《关于切实加强集体林权流转管理工作的意见》（林改发〔2009〕232 号）以及《广东省林业局关于林地林木流转管理的实施办法》（粤林〔2010〕187 号）等有关规定，省林业局和省工商局决定在全省推行林地流转和林地承包合同示范文本。现就有关事项通知如下：

一、各级林业行政主管部门和工商行政管理部门要充分认识推行林地流转合同、林地承包合同示范文本的重要意义。1981 年开展“林业三定”时期，大部分集体山林承包落实责任山没有签订合同协议；林地流转虽签订合同或协议，但因为缺乏统一规范，造成合同协议不规范、不完善；林地承包、流转潜在不少问题和矛盾纠纷。明晰产权、规范流转是此次集体林权制度改革的重要组成部分，也是核心内容和重点、难点工作。推行林地承包和流转合同示范文本对完善和规范林地承包流转，加强林地保护管理，保护双方当事人合法权益具有重要意义。各地要认真做好合同文本的宣传和推广工作，积极引导当事人使用林地流转合同、承包合同示范文本，切实加强监督和检查指导工作。

二、合同双方当事人使用林地流转合同、承包合同示范文本时，不得擅自修改。确需采用自拟合同文本的，应当参照合同示范文本的条款拟定，并在使用前将上述自拟合同文本报所在地林业行政主管部门和工商行政管理部门备案。

三、《广东省林地流转合同》、《广东省林地承包合同》示范文本自 2011 年 2 月 1 日起开始使用。各地、各当事人可通过广东省林业网(www. gdf. gov. cn)或广东省红盾信息网(www. gdgs. gov. cn)网页下载电子版。

四、本林地流转合同、承包合同示范文本实施前，已依法签订合法、规范的合同，继续有效；约定内容不规范的，双方当事人商议可重新签订或补签补充合同。

五、在推广使用林地流转、承包合同示范文本中遇到问题，请及时向省林业局和省工商局反馈。

附件：1. 广东省林地流转合同(示范文本)

2. 广东省林地承包合同(示范文本)

广东省林业局　　　广东省工商行政管理局

二〇一一年一月十三日

广东省林地流转合同范本

（示范文本）

__________县（市、区）__________镇（乡）__________村委会
____

合同编号：______村__________组林地流字〔　　〕第　号

签订日期：二〇　年　月　日

广 东 省 林 业 局
广东省工商行政管理局 监制

甲方（转出方）：
住址：

乙方（转入方）：
住址：

为规范林地流转（包括非"四荒地"上的非家庭承包林地）行为，维护林地流转双方当事人的合法权益，根据《中华人民共和国合同法》、《中华人民共和国森林法》、《中华人民共和国农村土

地承包法》等有关法律规定，经甲乙双方自愿平等协商同意签订本合同。

第一条　流转林地标的、形式、期限和交付现状

甲方将其享有的坐落在____________________的下列林地（具体见下表及附图）面积共________亩的林地使用权、经营权以__________（承包再流转形式为转包、出租、互换、转让、租赁、抵押、入股和作为合资合作形式出资或条件；非“四荒地”非家庭承包形式为招标、拍卖、公开协商等）的方式，从__________年________月________日起至________年__________月________日止流转期限共________年，流转给乙方用于林业生产经营活动。

上述林地、林木交付现状：____。

序号	地块名称	林权证编号	面积（亩）	四至界线			
				东	南	西	北
1							
2							
3							

第二条　林地流转价款和支付方式及时间

（一）林地流转价款采取以下第________方式支付，如需具体收取可在本合同第七条作补充约定。

1. 一次性付款方式。林地使用权流转价款按每年每亩________为__________元，面积__________亩，共计为__________元，如林地上的林木一并转让的，按每年每亩____________元，共计

________元，支付时间为________年________月________日。

2. 分期付款方式。共分为________期，每期________年，每期林地流转价款递增________%。合同生效后________天内由乙方向甲方一次性支付第一期的流转价款________元，以及林地上的林木转让款________元，共________元。以后每________年于当年________月________日前由乙方向甲方支付下一期的林地流转价款。

（二）本合同生效后________天内，乙方向甲方支付________元作为合同定金。采取一次性付款的，定金在流转合同期满后________天内一次性返还。分期付款的，定金在最后一期的流转价款中抵扣。

第三条　甲乙双方的权利和义务

（一）甲方的权利和义务

1. 有权依法获得流转收益，有权要求乙方按合同规定缴交林地流转价款。监督乙方依照本合同约定的林地用途合理利用和保护好林地；

2. 有权在本合同约定的流转林地期限届满后收回流转林地经营权或使用权；

3. 所提供的林地林木权属应清晰、合法，无权属纠纷和经济纠纷。如在流转后发现原转出的林地林木存在权属纠纷或经济纠纷的，由甲方负责处理并承担相应责任；

4. 提供所流转林地范围的全国统一式样的林权证、原转出方合法的集体决议记录或与集体经济组织签订的原承包、流转经营合同等证明材料；

5. 不干涉和破坏乙方的生产经营活动。协助乙方做好护林防火和林区治安管理工作。协助乙方申办林地林木权属登记或变更登记、林木采伐手续，有关费用由乙方承担。

（二）乙方的权利和义务

1. 享有对流转林地的自主生产经营使用权、林木处置收益权；

2. 按合同约定及时支付流转价款。如该流转林地被依法征占用的，有权依法按规定获得相应的补偿；

3. 依法保护和合理利用林地，不得给该林地造成永久性损害，不得改变林地用途，不得用于非林业建设。依法做好森林防火和林业有害生物防治工作；

4. 必须做好造林培育，其采伐迹地应在当年或者次年内完成造林更新，不得闲置丢荒，并保护好生态环境和水资源。

5. 依法按规定申办林地林木权属登记或变更登记、林木采伐审批手续，不得非法砍伐林木。

第四条　合同的变更、解除和终止

（一）在流转期内，乙方不得擅自将林地再次流转，如乙方确实需要将合同约定其享有的部分或全部经营权再次流转的，必须经甲方同意，并依法办理相关手续。再流转的期限不得超过该林地扣除已使用期限后的剩余年限。

（二）合同有效期间，如因政府依法征占用该流转林地，或者因不可抗力因素致使合同全部不能履行时，本合同自动终止，甲乙双方均不负违约责任，甲方将合同终止日至流转到期日的期限内已收取的林地流转款退还给乙方；致使合同部分不能履行的，其他部分继续履行，流转价款作相应调整。

（四）合同期满后，如乙方继续经营该流转林地，必须在合同期满前 60 天内书面向甲方提出申请。在同等条件下，乙方拥有优先继续经营使用权，但须与甲方重新签订合同。如乙方不再继续流转经营，在合同期满后________天内将原流转的林地交还给甲方，乙方必须将原流转经营林地的林木妥善处理。未采伐林木的处理约定为____。

（五）合同终止或解除后，原由乙方修建的道路、灌溉渠等设施，处置方式为____；

修建的房屋及其他可拆卸设施，处置方式为____。

第五条　违约责任

（一）本合同生效后，甲乙双方都必须认真履行。如甲方违约致使合同不能履行，须向乙方双倍返还定金；如乙方违约致使合同不能履行，所交付定金归甲方所有、不予退还。因违约给对方造成损失的，违约方还应承担赔偿责任。

（二）甲方应按合同规定按时向乙方交付林地，逾期一天应向乙方支付应缴纳的流转价款的__________‰作为滞纳金。逾期__________个月，乙方有权解除合同，甲方承担违约责任。

（三）甲方流转的林地手续不合法，或林地林木权属不清产生纠纷，致使合同全部或部分不能履行，甲方应承担违约责任。

（四）甲方违反合同约定擅自干涉和破坏乙方的生产经营，致使乙方无法进行正常的生产经营活动的，乙方有权单方解除合同，甲方应承担违约责任。

（五）乙方应按照合同规定按时足额向甲方支付林地林木流转价款，逾期一天乙方应向甲方支付本期（年）应付承包或流转价款的__________‰作为滞纳金。逾期__________个月，甲方有权单方解除合同，乙方应承担违约责任。

（六）乙方给流转林地造成永久性损害，或者擅自改变林地用途或者造成森林资源严重破坏，经县级以上林业主管部门确认后，甲方有权要求乙方赔偿违约损失，有权单方解除合同，收回该林地经营使用权，所收取的定金不予退还。

第六条　合同争议的解决方式

本合同发生争议，可由甲乙双方自行和解；和解不成的，可由村民委员会、镇(乡)政府等政府行政管理部门调解；和解、调解不成的，可采取以下第＿＿＿＿＿＿种解决方式：

(一)向＿＿＿＿＿＿＿＿仲裁委员会申请仲裁；

(二)向＿＿＿＿＿＿＿＿人民法院申请诉讼。

第七条　其他约定

双方约定的其他事项(对上述条款的修改或补充)＿＿＿＿＿

＿＿＿＿＿＿＿＿＿＿＿＿＿＿＿＿＿＿＿＿＿＿＿＿＿＿＿＿＿＿

＿＿＿＿＿＿＿＿＿＿＿＿＿＿＿＿＿＿＿＿＿＿＿＿＿＿＿。

第八条　附则

(一)本合同未尽事宜，经甲乙双方协商一致后可签订补充协议。补充协议与本合同具有同等法律效力。

(二)本合同自甲乙双方签字盖章起生效，如需经镇(乡)政府批准或经主管部门备案(签证)的，经自批准或备案(签证)后才生效。本合同一式五份，甲乙双方、原发包方和镇(乡)政府以及县级林业主管部门各执一份。

甲方(如属集体发包的由村委会主任或村民小组长签名、村组盖章)：

身份证号码：　　　　　　　　　　　　联系电话：

乙方(签名盖章)：

身份证号码：　　　　　　　　　　　　联系电话：

签订日期：　　二〇　　年　月　　日

附件：

1. 甲、乙双方（负责人）身份证复印件；

2. 流转林地四至范围附图（万分之一地形图）；

3. 甲方《林权证》复印件；

4. 属非"四荒地"非家庭承包的集体统一经营林地对本村、组外承包的应提供：依法经本集体经济组织成员的村民会议三分之二以上成员或者村民代表会议三分之二以上村民代表同意对外承包的票决记录复印件和镇（乡）政府批准意见书；

5. 属承包再流转的，转出方应提供原承包方同意流转的书面意见和发包方书面同意（或方案）的相关证明材料。并在合同生效后终止原有的承包关系。

广东省林地承包合同范本

（示范文本）

________县（市、区）__________镇（乡）__________村委会__

____

合同编号：__________村__________组林地包字〔　　〕第号

签订日期：二〇　　年　　月　　日

广　东　省　林　业　局
广东省工商行政管理局 监制

甲方（发包方）：　　　　　镇（乡）　　　村　　　　　组

负责人村委会主任：　　　　　村民小组组长：

住址：

乙方（承包方）：　　　　　镇（乡）　　　村　　　　　组

承包方代表：

住址：

为规范林地承包（指家庭承包、责任山和“四荒地”上的非家庭承包）行为，维护林地承包双方当事人的合法权益，促进林业发展和农村社会稳定，根据《中华人民共和国农村土地承包法》、《中华人民共和国森林法》、《中华人民共和国合同法》等有关法律法规，按照本集体经济组织成员的村民会议三分之二以上成员或者村民代表会议三分之二以上村民代表同意的林地承包方案，经双方协商同意签订本合同。

第一条　承包林地标的、形式、期限和交付现状

（一）甲方将其所有的坐落在______________________________的下列林地（具体见下表及附图）面积共____________亩的林地使用权以____________（家庭承包形式为协商一致；“四荒地”非家庭承包形式为招标、拍卖、公开协商等其他形式）的方式，从__________年__________月__________日起至__________年__________月__________日止承包期限共__________年，发包给乙方用于林业生产经营活动。

上述林地、林木交付现状：____。

序号	地块名称	面积（亩）	四至界线			
			东	南	西	北
1						
2						
3						
4						
5						

（二）以非家庭承包其他方式的林地承包价款按每年每亩____

________元，面积__________亩共计为__________元，如林地上的林木一并承包转让的，按每年每亩____________元，共计为______________元，缴付时间为__________年__________月________日。具体缴付在本合同第六条作补充约定。

第二条　甲乙双方的权利和义务

(一)甲方的权利和义务

1. 依法享有承包集体林地所有权。有权依法按规定获得林地承包收益。监督乙方依照本合同约定的林地用途合理利用和保护好林地，制止乙方损害所经营的承包林地和森林资源的行为。

2. 确认上述所发包的林地林木权属清晰、合法，无权属纠纷和经济纠纷。如在承包后发现原发包林地林木存在权属纠纷或经济纠纷的，由甲方负责处理并承担相应责任。

3. 维护乙方的林地承包经营权，尊重乙方的生产经营自主权，不得干涉乙方依法进行正常的生产经营活动。

4. 协助乙方申办林地林木权属登记或变更登记、林木采伐手续，有关费用由乙方承担。

(二)乙方的权利和义务

1. 按合同规定享有对承包林地的自主生产经营使用权、林木处置收益权，任何单位和个人不得干涉。

2. 有权享受承包(责任山)国家优惠政策，如该承包林地被依法征占用的，乙方有权依法获得相应的补偿。采取其他方式承包林地的，必须按合同规定缴交承包价款给甲方，并依法依规缴交各项税费。

3. 依法保护和合理利用林地，不得给该林地造成永久性损害，不得改变林地用途，不得用于非林业建设。依法做好森林防火和林业有害生物防治工作。

4. 必须做好造林培育，其采伐迹地应在当年或者次年内完成造林更新，不得闲置丢荒，并保护好生态环境和水资源。依法按规定申办林地林木权属登记或变更登记、林木采伐审批手续，不得非法砍伐林木。

第三条　合同的变更、解除和终止

（一）在承包期内，如乙方确需转让林地承包经营权的，必须报经原发包方甲方同意；采取转包、出租、互换或者以其他方式流转的，应当报原发包方甲方备案。同时依法按规定办理相关手续。

（二）对以家庭承包责任山方式承包林地的，在承包期间，乙方家庭内部成员需要对承包责任山进行分割责任山，可经家庭成员协商一致后，以原承包责任山合同为依据，各分立的家庭分别与甲方签订承包合同，并依法按规定申办林地林木变更登记手续。

（三）本合同法律效力不受甲乙双方负责人变动影响，也不因集体经济组织的分立或合并而变更或解除，任何一方不得随意终止合同。

（四）合同有效期间，如因政府依法征占用该承包林地，或者因不可抗力因素致使合同全部不能履行时，本合同自动终止，甲乙双方均不负违约责任。

（五）合同期满后，如乙方继续承包经营该林地，在同等条件下，乙方拥有优先承包经营权，但需与甲方重新协商签订合同。承包合同期满后，乙方在________天内将原承包的林地交还给甲方，乙方必须将原承包经营林地的林木妥善处理。未采伐林木的处理约定为____。

（六）合同终止或解除后，原由乙方修建的道路、灌溉渠等设施，处置方式为____________________。修建的房屋及其他可拆卸设施，处置方式________________________________。

第四条　违约责任

（一）本合同生效后，甲乙双方都必须认真履行。如一方当事人违约，须向守约方支付违约金，违约金双方设定为________元。因违约给对方造成损失的，违约方还应承担赔偿责任。

（二）以其他方式承包林地的，甲方应按合同规定按时向乙方交付林地，逾期一天应向乙方支付应缴纳的承包价款的______‰作为滞纳金。逾期__________个月，乙方有权单方解除合同，甲方承担违约责任。

（三）甲方发包的林地手续不合法，或林地林木权属不清产生纠纷，致使合同全部或部分不能履行，甲方应承担违约责任。

（四）甲方违反合同约定擅自干涉和破坏乙方的生产经营，致使乙方无法进行正常的生产经营活动的，乙方有权单方解除合同，甲方应承担违约责任。

（五）以其他方式承包林地的，乙方应按照合同规定按时足额向甲方缴付林地承包价款，逾期一天乙方应向甲方支付本期（年）应付承包价款的______________‰作为滞纳金。逾期__________个月，甲方有权单方解除合同，乙方应承担违约责任。

（六）乙方给承包经营林地造成永久性损害，或者擅自改变林地用途或者造成森林资源严重破坏，经林业主管部门确认后，甲方有权要求乙方赔偿违约损失，有权单方解除合同，收回该林地承包经营使用权，所收取的定金不予退还。

第五条　合同争议的解决方式

本合同在履行过程中发生的合同争议，由甲乙双方自行和解；和解不成的，由村民委员会、镇（乡）政府等进行调解；和解、调解不成的，可采取以下第____________种解决方式：

（一）向______________仲裁委员会申请仲裁；

（二）向__________人民法院申请诉讼。

第六条　其他约定

双方约定的其他事项（对上述条款的修改或补充）____。

第七条　附则

（一）本合同属完善原责任山承包合同，原责任山承包合同与本合同相抵触的，以本合同为准。本合同未尽事宜，经甲乙双方协商一致可签订补充协议。补充协议与本合同具有同等法律效力。

（二）本合同自甲乙双方签字盖章起生效，如需经镇（乡）政府批准的或经主管部门备案（签证）的，经自批准或备案（签证）后才生效。本合同一式五份，甲乙双方、村委会、镇（乡）政府、县级林业主管部门各执一份。

甲方（发包方村委会主任或村民小组组长签名、村组盖章）：

身份证号码：　　　　　　　　　　　联系电话：

乙方（承包方代表签名）：

身份证号码：　　　　　　　　　　　联系电话：

签订日期：二〇　　年　　月　　日

附件：

1. 承包林地四至范围附图（万分之一地形图）；

2. 甲方属于通过招标、拍卖、公开协商等其他方式的“四荒地”非家庭承包发包本集体山林的应提供：①甲方《林权证》复印件；②甲方依法经本集体经济组织成员的村民会议三分之二以上成员或者村民代表会议三分之二以上村民代表同意承包的票决记录复印件；③镇（乡）政府批准意见书。